Lehrbuch

Klasse! 1

Corinna Schicker
Sheila Brighten

OXFORD
UNIVERSITY PRESS

OXFORD
UNIVERSITY PRESS

Great Clarendon Street, Oxford OX2 6DP

Oxford University Press is a department of the University of Oxford. It furthers the university's objective of excellence in research, scholarship, and education by publishing worldwide in

Oxford New York

Athens Auckland Bangkok Bogotá Buenos Aires Cape Town Chennai Dar es Salaam Delhi Florence Hong Kong Istanbul Karachi Kolkata Kuala Lumpur Madrid Melbourne Mexico City Mumbai Nairobi Paris São Paulo Shanghai Singapore Taipei Tokyo Toronto Warsaw

with associated companies in
Berlin Ibadan

Oxford is a registered trade mark of Oxford University Press in the UK and in certain other countries.

Acknowledgements
The publishers would like to thank the following for permission to reproduce photographs: p.8 Robert Harding Picture Library (all), p.9 Capitol Pictures, Robert Harding, p.10 Colorsport, p.11 Mary Evans Picture Library, Colorsport, Rex Features, p.18 Telegraph Colour Library, J Allan Cash (top right), pp.48, 60 Robert Harding, p.90 Colorsport, Robert Harding, p.96 Robert Harding, p.98 Capital/ J McCauley (right), BBC Photo Library (left), p.101 SOA Photo Agency, p.110 Oxford Picture Library/A Palmer, p.114 Telegraph Colour Library, p.116 Link/Orde Eliason (centre right), Capital (left).

Additional photography by Mark Mason Studio and Martin Sookias.

Poster on p.110 courtesy of Sarah Barker.

Illustrations by Martin Aston, Anna Brookes, Phil Burrows, Stefan Chabluk, Clive Goodyer, Tim Kahane, Mike Miller, David Mostyn, Bill Piggins, Michael Sherman Associates representing James Brown.

Handwriting by Margret Pohl.

The authors would like to thank the following people for their help and advice: Sharon Brien (course consultant), David Buckland, Marion Dill (language consultant).

The publishers and authors would also like to thank Marietta Ohletz; her colleagues and pupils at Gesamtschule am Lauerhaas, Wesel; Atalay Gücer, Britta Lepschies, Angelique Pia, Kai Schmellenkamp and their parents; Stadt Verwaltung Wesel and Bürgermeister Gründken.

The publishers would like to thank all those who trialled and reviewed the materials, with special thanks to: Sharon Brien, Margareta Bush, Annette Corbach, Shirley Dobson, Jacqui Footman, Richard Freem, Colin Smith-Markl. Thanks also to the teachers and pupils at the following schools: John Mason School, Abingdon; Bolton Boys' Grammar School, Bolton; Chulmleigh Community College, Chulmleigh; Thomas Bennett Community College, Crawley; Chantry High School, Ipswich; Hollingworth High School, Milnrow; Chiltern Edge School, Sonning Common.

The publishers would like to thank the following for permission to reproduce copyright material: Stadt Wesel (p.22), Ein Herz für Tiere Gruppe-Gong Verlag (p.35), Sailer-Verlag (p.35), Edeka Ideal Markt (p.73), BSM Bavaria Sonor (p.99), Bastei-Verlag H. Lübbe GmbH & Co. (p.99), Phantasialand (p.123).

Every effort has been made to contact copyright holders of material reproduced in this book. Any omissions will be rectified in subsequent printings if notice is given to the publisher.

A catalogue record for this book is available from the British Library.

Designed by David Oakley, Arnos Design.

Printed in Italy by G.Canale & C. S.p.A.

Welcome to *Klasse!*

This *Klasse!* book is set in the German town of Wesel.
In it you will meet ...

| Jasmin | Sven | Annika | Atalay |

As you work through *Klasse!* you will ...

- ☐ find out about life in Germany, Austria and Switzerland
- ☐ learn to understand German, Austrian and Swiss people when they speak
- ☐ start speaking German yourself
- ☐ learn how to read and write in German

Have fun!

Symbols and headings you'll find in the book: what do they mean?

🎧 listen to the cassette with this activity

👥 work with a partner

👥 work in a group

D▶ go to this activity in your workbook

Grammatik im Fokus

an explanation of how German works

140▶ refer back to this page in the grammar section at the back of the book

Extra! something extra to do if you finish early

Hilfe useful expressions

 Viel Spaß! a game or fun activity

Gut gesagt!

pronunciation practice

Tipp ▪ Tipp ▪ Tipp ideas and tips to help you learn more effectively

PROJEKT project work

reading practice at the end of each unit

Kannst du ...?

a checklist of the things you have learned in the unit

Inhalt

Anweisungen

Here are some of the instructions you will need to understand in *Klasse!*

A fragt, B antwortet. . . . . *A asks, B answers.*

Beantworte die Fragen. . . . . . . *Answer the questions.*

Beispiel: . . . . *Example:*

Beschreib ... . *Describe ...*

Dann ist B dran. . . . . *Then it's B's turn.*

Du bist dran! . . . . *It's your turn!*

Finde die passenden . . . . *Find the correct*
Antworten/Bilder/ *answers/pictures/*
Sätze/Wörter. *sentences/words.*

Finde/Findet die richtige . . . . . . *Find the correct*
Reihenfolge. *order.*

Finde/Findet Fotos/Bilder in . . . *Find photos/pictures in*
Zeitungen/Zeitschriften usw. *papers, magazines, etc.*

Frag deinen Partner/deine . . . . *Ask your partner.*
Partnerin.

Füll die Lücken aus. . . . . *Fill in the gaps.*

Gedächtnisspiel. . . . . *Memory game.*

Hör gut zu. . . . . *Listen carefully.*

Hör noch einmal zu. . . . . *Listen again.*

Ist alles richtig? . . . . *Did you get*
everything right?

Kopiere ... . *Copy ...*

Kreuz die passenden . . . . *Tick the correct*
Bilder/Namen an. *pictures/names.*

Lies/Lest ... . *Read ...*

Lies mit. . . . . *Follow the text.*

Mach ein Poster. . . . . *Make/design a poster.*

Mach eine Kassette. . . . . *Record a cassette.*

Mach eine Umfrage. . . . . *Carry out a survey.*

Macht (weitere) Dialoge. . . . . . *Make up (more)*
dialogues.

Nimm/Nehmt die . . . . *Record the information*
Informationen auf *on cassette.*
Kassette auf.

Ratespiel. . . . .*Guessing game.*

Richtig oder falsch? . . . . *True or false?*

Schau ... an. . . . . *Look at ...*

Schreib ... . *Write ...*

Schreib die Fragen/Sätze . . . . . *Write down the*
richtig auf. *questions/sentences*
correctly.

Schreib die Antworten/ . . . . . . *Write down the*
Resultate auf. *answers/results.*

Schreib die richtigen . . . . *Write down the*
Wörter/Zahlen auf. *correct words/*
numbers.

Schreib einen . . . .*Write a letter/an*
Antwortbrief/eine E-Mail. *e-mail in reply.*

Schreib Sätze. . . . . *Write sentences.*

Was ist das? . . . . *What is that?*

Was sagen sie? . . . . *What do they say?*

Wer ist das? . . . . *Who is that?*

Wiederhole. . . . . *Repeat.*

Wie heißt das auf Deutsch? . . . *What's that in*
German?

Wie heißt das auf Englisch? . . . *What's that in*
English?

Zeichne ... .*Draw ...*

Useful classroom language

Could you say that again, ... Wiederholen Sie das
please? bitte.

How do you pronounce it? . . . Wie spricht man das
aus?

How do you say 'x' in . . . . Wie sagt man ‚x' auf
German? Deutsch?

How do you spell it? . . . . Wie schreibt man das?

I don't understand. . . . . Ich verstehe das nicht.

What activity is it? . . . . Welche Übung?

What page is it on? . . . . Welche Seite?

Deutschland, Österreich und die Schweiz

DÄNEMARK

HOLLAND

POLEN

Hamburg

BERLIN ◻

Hannover

Wesel

Düsseldorf

Köln

Leipzig

Bonn

Dresden

BELGIEN

DEUTSCHLAND

LUXEMBURG

Frankfurt

TSCHECHISCHE
REPUBLIK

FRANKREICH

Stuttgart

München

WIEN

Salzburg

Basel

Zürich

BERN

Innsbruck

ÖSTERREICH

DIE SCHWEIZ

Genf

UNGARN

ITALIEN

SLOWENIEN

Herzlich willkommen!

Quiz

2

5

1 Was ist das?
a Das ist Schokolade.
b Das ist Sauerkraut.

2 Wer ist das?
a Das ist Boris Becker, der Tennisspieler.
b Das ist Arnold Schwarzenegger,
der Filmstar.

3 Was ist das?
a Das ist Deutschland.
b Das ist Österreich.

4 Wer ist das?
a Das ist ein Bäcker.
b Das ist ein Doktor.

5 Was ist das?
a Das ist die Schweiz.
b Das ist England.

3

4

6 Wer ist das?
a Das ist David Beckham.
b Das ist Jürgen Klinsmann.

7 Was ist das?
a Das ist ein Porsche.
b Das ist ein Mercedes.

8 Wer ist das?
a Das ist Mozart.
b Das ist Beethoven.

9 Wer ist das?
a Das ist Claudia Schiffer.
b Das ist Madonna.

10 Was ist das?
a Das ist Basketball.
b Das ist Fußball.

Resultate
0–3: Nicht schlecht!
4–6: Gut!
7–8: Sehr gut!
9–10: Prima!

1 Wie geht's?

You will learn how to ...

✓ say hello and goodbye: *Hallo! Guten Morgen! Tschüs!*
✓ ask how someone is: *Wie geht's?*
✓ say how you are: *Gut! Prima! Schlecht!*
✓ thank someone: *Danke, gut!*

1 🔊 Hör gut zu und lies mit.

A ▶

2 a 🔊 Hör gut zu und finde die passenden Bilder.

2 b 👥 Zeichnet oder findet Bilder und macht weitere Dialoge.

Beispiel: **A** *Guten Tag!*
B *Hallo!*

B C ▶

Hilfe

Wie geht's?

Prima! | Sehr gut! | Danke, gut! | Nicht so gut! | Schlecht!

3 🔊 Hör gut zu. Was sagen sie? Kopiere und füll die Tabelle aus.

	😄	🙂	😐	😕	🙁
Atalay					
Sven					
Jasmin					
Annika					
Anne					

4 👥 Wie geht's? Macht Dialoge.

Beispiel:
A Hallo, Arne. Wie geht's?
B Hallo, ... Danke, sehr gut.

Extra! Füll die Lücken aus.

1 Arne
3 Alex
2 Ulli
4 Tina
5 Tom

D ▶

Gut_n Ta_!
W_e _eht's?

Gu_en M_rg_n!
Ni_ht so gu_!

Wie heißt du?

Und ich heiße Annika.

1 🔲 Hör gut zu und lies mit.

Hallo, ich heiße Jasmin.

Ich heiße Sven.

Hilfe

Wie heißt du?
Ich heiße Melanie.
Ich heiße Alex.
Wie schreibt man das?

E

2a 👥 Ratespiel: Mädchen oder Junge?
Schreibt *M* oder *J*.

Beispiel: *Eva = M*

2b 🔲 Ist alles richtig? Hör gut zu.

2c 👥 Würfelspiel: Wie heißt du?
Macht Dialoge.

Beispiel:
A *Wie heißt du?*
B *Ich heiße Karin. Und wie heißt du?*
A *Ich heiße Dieter.*

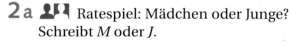

Ich heiße...

Eva
Birgit Susanne
Andreas Dieter
Karin Johannes
Katharina
Matthias Stefan

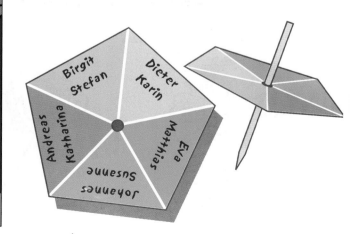

Birgit Stefan
Dieter Karin
Andreas Katharina
Eva Matthias
Johannes Susanne

Tipp ▫ Tipp ▫ Tipp

Das Alphabet auf Deutsch

3 a 🔊 Hör gut zu und wiederhole.

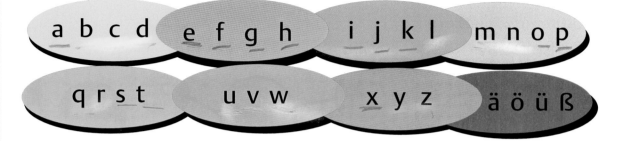

a b c d   e f g h   i j k l   m n o p

q r s t   u v w   x y z   ä ö ü ß

3 b 🔊 Hör gut zu und wiederhole.

a	ä
Ha**llo	M**ä**dchen

o	ö
Obst	**Ö**sterreich

u	ü
und	**ü**ber

s	ß
Su**s**anne	ich heißße

4 🔊 Hör gut zu und finde die passenden Namen.

Beispiel: **1 = d**

- **a** Alexander
- **b** Bettina
- **c** Jonas
- **d** Katrin
- **e** Markus
- **f** Silke

5 a 🔊 Hör gut zu und schreib die Namen auf.

Beispiel: **1** *Oliver*

5 b 👥 Wie schreibt man das? Macht Dialoge.

Beispiel:
A Wie heißt du?
B Ich heiße Jasmin.
A Wie schreibt man das?
B J - A - S - M - I - N.

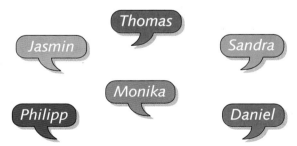

Thomas

Jasmin   Sandra

Monika

Philipp   Daniel

Extra! 👥 Findet die Namen und macht dann weitere Dialoge.

Beispiel: **THAMSIAT → MATTHIAS**

a THAMSIAT	d LAMEINE
b VEA	e RANSADE
c FESTNA	f RINAK

F ▶   G H ▶

Wie alt bist du?

You will learn how to ...
- ✓ count to 20
- ✓ ask someone their age: *Wie alt bist du?*
- ✓ say how old you are: *Ich bin 12 Jahre alt.*

1a Hör gut zu und lies mit.

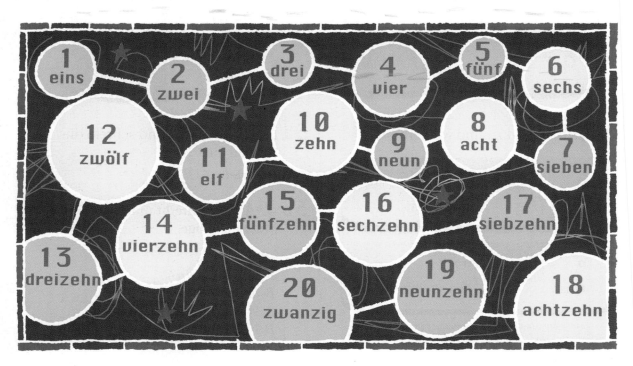

1b Hör noch einmal gut zu und wiederhole.

I ▶

Auf Deutsch schreiben

auf Deutsch	auf Englisch
1	1
4	4
7	7
9	9
11	11

2 Hör gut zu und schreib die Zahlen auf.

Beispiel: 8, ...

J ▶

3a Eins – zwei – ... Was kommt danach? Hör gut zu und schreib die Zahlen auf.

*Beispiel: eins – zwei – **drei***

3b 👥 A sagt zwei Zahlen. Was kommt danach? B sagt die Zahl.

Beispiel: A drei, vier ...
B fünf!

3c 👥 Zahlenspiel.

Beispiel: A zwei und drei?
B fünf!

K ▶

4 a 🔊 Hör gut zu und lies mit.

> *Wie alt bist du, Sven?*

> *Ich bin dreizehn. Und du?*

4 b 🔊 Hör noch einmal gut zu. Wie alt ist Annika?

L

a 14 **b** 12 **c** 13

5 🔊 Hör gut zu und schreib die Antworten auf.

Beispiel:

Nummer	Wie heißt du?	Wie alt bist du?
1	Jana	14

Hilfe

Wie alt bist du?
Ich bin dreizehn.
Und du?
Ich bin zwölf Jahre alt.

6 👥 Macht weitere Dialoge.

a Thomas: 13

b Anna: 11

c David: 14

d Katrin: 12

e Stefan: 15

f Lisa: 11

Extra! Schreib Sätze für Übung 6.

Beispiel: *a Ich heiße Thomas.*
Ich bin dreizehn Jahre alt.

Wann hast du Geburtstag?

1 Hör gut zu und lies mit.

Wann hast du Geburtstag?

Frühling:
März
April
Mai

Sommer:
Juni
Juli
August

Herbst:
September
Oktober
November

Winter:
Dezember
Januar
Februar

Extra! Was kommt danach?

Beispiel: A *Januar* ...

B *Februar* ...

M

2a Hör gut zu und lies mit.

Wann hast du Geburtstag?

Im Winter, im Januar.

2b Zeichnet oder findet Bilder für Frühling, Sommer und Herbst. Schreibt dann Dialoge.

N O

3a Mach eine Klassen-Umfrage. Frag: „Wie alt bist du? Wann hast du Geburtstag?"

Beispiel: A *Wie alt bist du?*

B *Ich bin zwölf Jahre alt.*

A *Wann hast du Geburtstag?*

B *Im Herbst, im Oktober.*

3b Schreib die Resultate auf.

Hilfe

Wann hast du Geburtstag?
Im Frühling/Sommer/Herbst/Winter.
Im April/Juni/Oktober/Dezember.

Woher kommst du?

You will learn how to …
✓ say where you're from: *Ich komme aus Deutschland. Ich komme aus Großbritannien.*
✓ ask others where they're from: *Woher kommst du?*

1a 🔊 Hör gut zu und lies mit.

Ich komme aus Großbritannien.

Ich komme aus Deutschland.

Ich komme aus Österreich.

Ich komme aus der Schweiz.

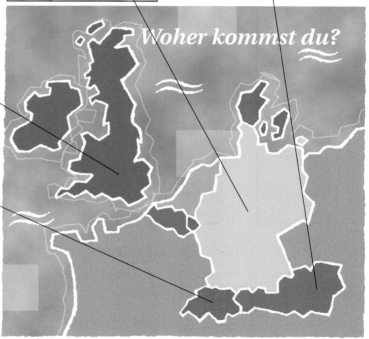

Woher kommst du?

1b Finde die passenden Fotos für die T-Shirts.

2 👥 Was sagen sie? Macht Dialoge.

Beispiel: A *Wie heißt du?*
B *Ich heiße Tina.*
A *Woher kommst du?*
B *Ich komme aus Deutschland.*

Extra! Mach einen Aufkleber. Schreib Sätze.

Ich heiße Sarah. Ich komme aus Großbritannien.

Tom
Tina

Peter
Petra

Ulli
Ulrike

James
Josie

P ▶

Wo wohnst du?

You will learn how to ...

✓ say where you live: *Ich wohne in Wesel.*
✓ ask someone where they live: *Wo wohnst du?*
✓ say where places are: *Das ist im Norden.*

1 🔊 Wo wohnt Sven? Hör gut zu und lies mit.

2a 🔊 Hör gut zu und finde die passenden Wörter und Bilder.

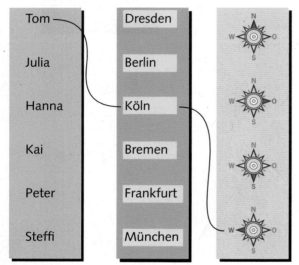

Tom — Dresden

Julia — Berlin

Hanna — Köln

Kai — Bremen

Peter — Frankfurt

Steffi — München

2b 👥 Ist alles richtig? Macht Dialoge.

Beispiel: **A** *Wo wohnst du, Tom?*
B *Ich wohne in Köln.*
A *Wo ist das?*
B *Das ist im Westen.*

Extra! Du bist dran! Wo wohnst du? Wo ist das? Schreib die Antworten auf.

Beispiel: *Ich wohne in Manchester.*
Das ist im Norden.

Q R S ▶

Gut gesagt! ‚ü' und ‚ö'

3 🔊 Hör gut zu und wiederhole.

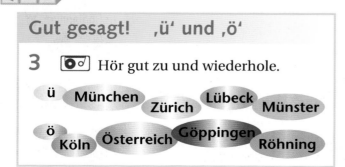

ü München Zürich Lübeck Münster

ö Köln Österreich Göppingen Röhning

Wo wohnst du, Sven?

Ich wohne in Chemnitz.

Wo ist Chemnitz?

Das ist im Osten.

Hilfe

Wo wohnst du?
Ich wohne in Hamburg. | Das ist im Norden.
Ich wohne in München. | Das ist im Süden.
Ich wohne in Leipzig. | Das ist im Osten.
Ich wohne in Aachen. | Das ist im Westen.

Grammatik im Fokus *ich, du + Verb*

4a Füll die Lücken aus.

Wie _____ du?

Ich heiße Maja.

Wie alt bist du?

Ich _____ 13 Jahre alt.

Woher _____ du?

Ich komme aus Deutschland.

Wo wohnst du?

Ich _____ in Bremen.

4b Schreib zwei Listen, *ich* und *du*, und finde die passenden Verben in Übung 4a.

Beispiel:

ich	du
heiße	heißt

T U ▶

143-4

Kannst du ... ?

✓ sagen:	*Guten Tag! Auf Wiedersehen!*
✓ fragen und sagen:	*Wie geht's? Danke, gut. Prima!*
✓ fragen und sagen:	*Wie heißt du? Ich heiße …*
✓ bis 20 zählen:	*eins, zwei, drei …*
✓ fragen und sagen:	*Wie alt bist du? Ich bin zwölf Jahre alt.* *Wann hast du Geburtstag? Im Winter, im Januar.*
✓ sagen:	*Ich komme aus Großbritannien.* *Ich wohne in … Das ist im Norden.*
✓ fragen:	*Woher kommst du? Wo wohnst du?*

Und Grammatik im Fokus … ?

✓ *ich, du* + Verb	*Ich heiße Maja. Wo wohnst du?*

Steckbrief

1 Du bist dran!

a Schreib die Fragen auf.

b Schreib die Antworten auf.

c Finde Fotos.

Wie heißt du?

Ich heiße Jasmin Meyer.

Wie alt bist du?

Ich bin 13 Jahre alt.

Wann hast du Geburtstag?

Im Frühling, im März.

Wo wohnst du? *Ich wohne in Wesel.*

2 Findet 🔊. **A** stellt die Steckbrief-Fragen (Übung 1), **B** antwortet. Dann ist **B** dran.

Hallo! Wie heißt du?

Ich heiße Karen.

Wie alt bist du, Karen?

Ich bin 13 Jahre alt.

Klasse! - Magazin

Hallo, ich heiße Claudia Schiffer. Ich bin 29 Jahre alt. Ich komme aus Deutschland – aus Düsseldorf –, aber ich wohne in Paris.

Ich heiße Wolfgang Amadeus Mozart. Ich komme aus Wien. Das ist in Österreich.

Ich komme aus Deutschland, aber ich wohne in Florida. Ich bin 30 Jahre alt. Ich heiße Boris Becker.

Die ,Top Ten' Namen in Deutschland

	Mädchen	Jungen
1	Maria	Alexander
2	Julia	Lukas
3	Katharina	Maximilian
4	Anna	Daniel
5	Laura	Michael
6	Marie	Christian
7	Sophie	Philipp
8	Lisa	Marcel
9	Sarah	Jan
10	Lena	Tobias

Meine Familie

2 Wer ist das?

You will learn how to …
- ✓ ask who someone is: *Wer ist das? Ist das dein Bruder? Sind das deine Eltern?*
- ✓ identify the members of your family: *Das ist mein Vater. Das sind meine Großeltern.*
- ✓ ask and say what someone's name is: *Wie heißt deine Schwester? Sie heißt Eva.*

Annika: Sind das deine Eltern?
Sven: Ja, das ist mein Vater und das ist meine Mutter.
Annika: Wer ist das?
Sven: Das ist meine Schwester Andrea.
Annika: Und wer ist das? Dein Opa und deine Oma?
Sven: Ja, das sind meine Großeltern – das ist mein Großvater und das ist meine Großmutter.

1a Sven zeigt Annika ein Familienfoto. Hör gut zu und lies mit.

1b Hier ist die Familie von Sven. Was sagt er? Finde die passenden Sätze.
Beispiel:
a Das ist meine Schwester.

Das sind meine Großeltern.   *Das ist mein Vater.*
Das ist meine Mutter.   *Das ist meine Schwester.*

2a Wer ist das? Hör gut zu und finde die passenden Wörter für die Bilder.

mein Onkel	meine Tante
meine Halbschwester	meine Großeltern
meine Mutter	mein Bruder
ich!	mein Stiefvater

2b Ist alles richtig? Macht Dialoge.
Beispiel: A Wer ist Nummer zwei? Ist das dein Stiefvater?
B Ja, das ist mein Stiefvater.
A Wie heißt dein Stiefvater?
B Er heißt Albert.

Hilfe

Wer ist das?

Ist das dein … ?

Das ist	mein Vater/Stiefvater.
	mein Bruder/Halbbruder.
	mein Onkel.
	mein Großvater/Opa.

Ist das deine … ?

Das ist	meine Mutter/Stiefmutter.
	meine Schwester/ Halbschwester.
	meine Tante.
	meine Großmutter/Oma.
	meine Familie.

Sind das deine … ?

| Das sind | meine Eltern. |
| | meine Großeltern. |

Wie heißt dein … ?
Er heißt Heiko.

Wie heißt deine … ?
Sie heißt Monika.

Grammatik
im Fokus *mein, dein*

	Singular	Plural
Maskulinum 👤	**Femininum** 👤	👤👤
mein Vater dein Vater	meine Mutter deine Mutter	**meine Eltern deine Eltern**

3a Setz das Wort *mein* oder *meine* vor die Namen.

_____Bruder	_____Schwester
_____Eltern	
	_____Vater
_____Opa	
_____Oma	_____Mutter

3b *dein* oder *deine*? Richtig oder falsch?

deine Onkel   dein Halbschwester

deine Tante

dein Großeltern

deine Stiefmutter

dein Halbbruder

deine Stiefvater

138 ▶

B ▶

4a Lies Ingrids Brief.

Hallo, Monika!

Wie heißt meine Familie? Tobias ist mein Halbbruder und meine Schwester heißt Julia. Und meine Eltern? Mein Vater heißt Peter und meine Stiefmutter heißt Astrid. Mein Opa heißt Manfred und meine Oma heißt Erna – das sind meine Großeltern.
Und du?
Ingrid

4b Mach ein Poster von Ingrids Familie. Schreib die Namen mit dem Wort *mein* oder *meine* auf.

Extra! Du bist dran! Schreib einen Antwortbrief.

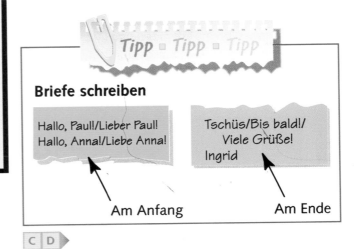

Tipp ▪ Tipp ▪ Tipp

Briefe schreiben

Hallo, Paul!/Lieber Paul!
Hallo, Anna!/Liebe Anna!

Tschüs/Bis bald!/ Viele Grüße!
Ingrid

Am Anfang   Am Ende

C D ▶

Haustiere

1 🔊 Wie sagt man das? Hör gut zu und lies mit.

E ▶

Grammatik
im Fokus *ein/eine/ein*

All German nouns are masculine (Maskulinum), feminine (Femininum) or neuter (Neutrum).

2a Wie heißt das auf Englisch?

Maskulinum	Femininum	Neutrum	auf Englisch?
ein	eine	ein	?

2b Schreib die Wörter in drei Listen: *Maskulinum, Femininum* und *Neutrum*.

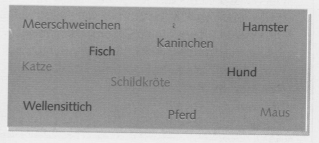

Meerschweinchen   Hamster
Fisch   Kaninchen
Katze   Hund
Schildkröte
Wellensittich   Pferd   Maus

2c Schreib die Haustiere mit dem Wort *ein* oder *eine* auf.

F ▶

136 ▶

3a 🎧 Was ist das? Hör gut zu und schreib die Haustiere auf.

3b 👥 Ist alles richtig? Macht Dialoge.
Beispiel: A *Nummer 1 – was ist das?*
B *Das ist eine Maus.*

Hilfe

4 🎧 Wie sagt man die Farben? Hör gut zu und lies mit.

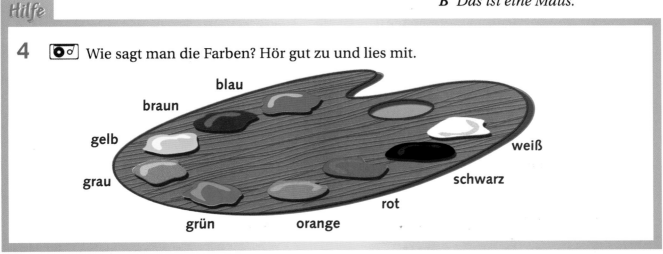

blau
braun
gelb
grau
grün   orange   rot
schwarz
weiß

G ▶

5a Welche Farben? Schreib Sätze.

Beispiel: a *Das ist ein Kaninchen. Es ist schwarz und weiß.*

a
b
c
d
e
f

5b 👥 Ratespiel: Was ist das?

Beispiel: A *Welche Farben?*
B *Braun und grün.*
A *Das ist eine Schildkröte.*
B *Ja, richtig.*

Gut gesagt! ‚ch'

6 🎧 Hör gut zu und wiederhole.

Mein Wellensittich ist frech und freundlich und ich habe sechs Kaninchen.

Wie bist du?

You will learn how to ...

✓ describe yourself: *Ich bin klein und sehr sportlich.*
✓ describe the members of your family: *Mein Bruder ist freundlich und ziemlich fleißig.*

1 Ich bin musikalisch!

2 Ich bin fleißig!

3 Ich bin jung!

4 Ich bin freundlich!

5 Ich bin frech!

6 Ich bin alt!

7 Ich bin ernst!

8 Ich bin groß!

9 Ich bin faul!

10 Ich bin leise!

11 Ich bin intelligent!

12 Ich bin sportlich!

13 Ich bin klein!

14 Ich bin laut!

1a 📼 Hör gut zu und finde die passenden Wörter.

H

1b 👥 Wie bist du? **A** wählt ein Bild, **B** antwortet.

    Beispiel: **A** *Wie bist du in ‚c‘?*
                B *Ich bin jung. Und wie bist du in ‚i‘?*
                A *Ich bin freundlich.*

1c 👥 Würfelspiel: Wie bist du?

    Beispiel: **A** *Nummer eins. Wie bist du?*
                B *Ich bin alt und ernst.*

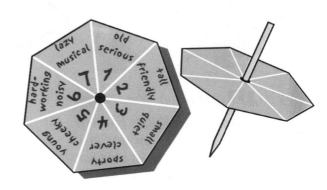

2 a Hör gut zu und lies mit.

Meine Schwester heißt Emma. Sie ist jung und sehr intelligent.

Das ist mein Onkel Franz. Er ist ziemlich alt und gar nicht sportlich.

Hallo!

Meine Mutter ist jung. Sie ist sehr freundlich, aber ziemlich laut.

Das ist mein Opa. Er heißt Paul. Er ist sehr alt, aber sehr fleißig.

2 b Drei Fragen-Quiz. Wie ist er/sie?

Beispiel:

A Frage 1: Ist das er oder sie?
B Das ist er.
A Frage 2: Ist er jung oder alt?
B Er ist ziemlich alt.
A Frage 3: Ist das dein Onkel?
B Ja, richtig!

I J

Hilfe

Wie bist du?
Wie ist dein Bruder/Vater/Opa?
Wie ist deine Schwester/Mutter/Oma?

Ich bin	sehr	groß/klein/alt/jung.
Er/sie ist	ziemlich	sportlich/musikalisch.
	nicht	laut/leise/intelligent/freundlich.
	gar nicht	ernst/frech/faul/fleißig.

3 Was sagen sie? Schreib Sätze.

Beispiel: *Sven: Ich bin sehr freundlich und ziemlich intelligent.*
Ich bin gar nicht ernst!

Sven	**Jasmin**	**Annika**	**Atalay**
freundlich ✔✔	*sportlich* ✔	*laut* ✔✔	*musikalisch* ✔
intelligent ✔	*leise* ✔✔	*klein* ✔	*frech* ✘✘
ernst ✘✘	*alt* ✘	*jung* ✔	*groß* ✔✔

✔✔	= sehr
✔	= ziemlich
✘	= nicht
✘✘	= gar nicht

Extra! Wie ist dein Bruder/deine Schwester? Zeichne einen Cartoon und schreib die Sätze auf.

K

Hast du Geschwister?

You will learn how to ...

✓ talk about brothers and sisters: *Hast du Geschwister? Hast du einen Bruder?*
Nein, ich habe keinen Bruder. Ich habe zwei Schwestern.

1 🎧 Hör gut zu und lies mit.

Sven:	Annika, hast du Geschwister?
Annika:	Nein. Ich bin Einzelkind. Ich habe keinen Bruder und keine Schwester. Und du, Sven?
Sven:	Ich bin kein Einzelkind! Ich habe zwei Brüder und drei Schwestern.

Grammatik
im Fokus *Ich habe einen/eine, keinen/keine...*

ein Bruder ➡ Ich habe **einen** Bruder.   eine Schwester ➡ Ich habe **eine** Schwester.

kein Bruder ➡ Ich habe **keinen** Bruder.   keine Schwester ➡ Ich habe **keine** Schwester.

2 Hast du Geschwister? Kopiere den Text und schreib Sätze.

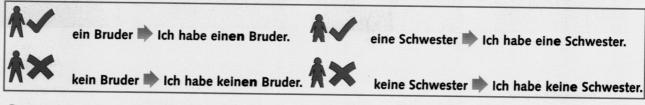

1 Ich habe 🧍 und 🧍 .   3 Ich habe 🧍✗ und 🧍✗ .

2 Ich habe 🧍 , aber 🧍✗ .   4 Ich habe 🧍 , aber 🧍✗ .

137-8 ➤

3a [🔊] Kopiere die Tabelle. Hör gut zu und füll die Tabelle aus.

	🧍✗🧍✗	🧍	🧍	🧍🧍	🧍🧍
Dieter				✗	
Karin					
Annelise					
Thomas					

3b Mach eine Umfrage in der Klasse.
Was sagen die Schüler und Schülerinnen?
Schreib die Resultate auf.

Beispiel: **A** *John, hast du Geschwister?*
B *Ja, ich habe einen Bruder und zwei Schwestern.*

Name	
John	Ich habe einen Bruder und zwei Schwestern.
Sarah	
Pete	
Andrew	
Tara	

Hilfe

Hast du	Geschwister?
	einen Bruder/eine Schwester?
Ja, ich habe	einen Bruder/eine Schwester.
	zwei Brüder/drei Schwestern.
Nein, ich habe	keinen Bruder/keine Schwester.
	keine Geschwister.
Nein, ich bin Einzelkind.	

4 👥 Ratespiel: Wer ist das?

Beispiel:
A *Ich habe einen Bruder und eine Schwester.*
B *Du heißt Karin?*
A *Richtig!*

Karin

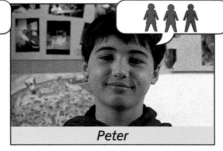
Peter

Lisa

Kai

Anna

Extra! Zeichne deine Geschwister oder finde Fotos und beschreib sie.

M N ▶

Hast du ein Haustier?

You will learn how to ...

✓ say which pets you have: *Ich habe einen Hund.*

✓ ask others if they have any pets: *Hast du ein Haustier?*

1 a Hier sind die Haustiere von Klasse 6C. Schau die Fotos an und finde die passenden Sätze.

Beispiel:
a *Ich habe keine Haustiere.*

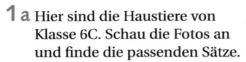

Ich habe eine Katze.

Ich habe einen Wellensittich.

Ich habe keine Haustiere.

Ich habe einen Hund.

1 b Hast du ein Haustier? Frag deinen Partner/deine Partnerin.

Beispiel: **A** *Hast du ein Haustier?*
B *Ja, ich habe einen Fisch.*

Hilfe

Hast du ein Haustier?

Ich habe	einen Fisch/einen Hamster/ einen Hund/einen Wellensittich.
	eine Katze/eine Maus/ eine Schildkröte.
	ein Kaninchen/ein Meerschweinchen/ ein Pferd.
	keine Haustiere.

Grammatik
im Fokus *Ich habe einen/eine/ein ...*

The German word for 'a' sometimes changes in a sentence. This change only happens with masculine words.

m.	Das ist **ein** Hund.	➡	Ich habe **einen** Hund. (ein + en)
f.	Das ist **eine** Katze.	➡	Ich habe **eine** Katze.
n.	Das ist **ein** Pferd.	➡	Ich habe **ein** Pferd.

2 Füll die Lücken aus.

1 Ich habe _____ Hamster.
2 Ich habe _____ Schildkröte.
3 Ich habe _____ Meerschweinchen.

4 Ich habe _____ Maus.
5 Ich habe _____ Fisch.
6 Ich habe _____ Kaninchen.

137

Kannst du … ?

✓	fragen und sagen:	*Wer ist das? Das ist mein Vater/meine Schwester.*
✓	fragen und sagen:	*Wie heißt dein Bruder/deine Mutter? Er/sie heißt …*
✓	sagen:	*Das ist eine Katze. Sie ist braun und weiß.*
✓	sagen:	*Ich bin klein/freundlich. Mein Bruder ist frech.*
✓	fragen:	*Hast du einen Bruder/eine Schwester?*
✓	sagen:	*Nein, ich habe keinen Bruder. Ich habe zwei Schwestern.*
✓	fragen:	*Hast du ein Haustier?*
✓	sagen:	*Ich habe einen Hund. Ich habe ein Kaninchen.*

Und Grammatik im Fokus … ?

✓	*mein/dein:*	*Das ist mein Vater. Sind das deine Eltern?*
✓	Maskulinum, Femininum und Neutrum:	*ein Hund, eine Maus, ein Kaninchen*
✓	*Ich habe + ein/kein:*	*Ich habe einen Bruder. Ich habe keine Schwester.*
✓	*Ich habe einen/eine/ein … :*	*Ich habe einen Fisch. Ich habe eine Katze.*

PROJEKT

Wie mache ich eine Umfrage?

1 Finde ein Thema. Finde dann Fragen.

Thema:	Haustiere
Fragen:	Hast du ein Haustier?
	Wie heißt dein Haustier?
	Wie ist dein Haustier?

2 Schreib deine Fragen auf.

Name	Hast du ein Haustier?	Wie heißt dein Haustier?	Welche Farbe hat dein Haustier?

3 Nimm deine Fragezettel und einen Kuli.

4 Finde 👥. Sag: „Ich mache eine Umfrage. Das Thema ist … Machst du mit?"

5 Die Antwort ist „Ja"! Stell deine Fragen.

6 Schreib die Antworten unter die Fragen.

Name	Hast du ein Haustier?	Wie heißt dein Haustier?	Welche Farbe hat dein Haustier?
Andrew	Hund: 2 Katze: 1	Charlie, Bracken Tigger	Charlie = schwarz und weiß
			Bracken = rot
			Tigger = orange und weiß

7 Die Umfrage ist fertig! Sag: „Vielen Dank" oder „Vielen Dank für deine Hilfe".

8 Schreib die Resultate auf (z. B. mit dem Computer).

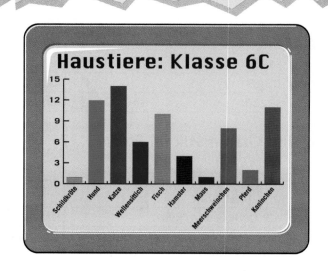

Klasse! - Magazin

1 Beschreib diese Familie.

Vater • Mutter • Kind

2 Welche zwei passen zusammen?

3 Mach eine Haustier-Geburtstagskarte.

Rätselkiste

Manchmal sind wir wie Katze und Maus ...

Meine Schulsachen

Meine Schule

You will learn how to ...

✓ name the people in your class: *Das ist mein Lehrer. Das ist eine Schülerin.*

✓ say what's in your classroom: *Das ist ein Schreibtisch.*

✓ say what school equipment you have: *Ich habe ein Lineal.*

✓ ask someone if you can borrow something: *Hast du einen Bleistift?*

1 🔊 Hör gut zu und lies mit.

Das ist meine Schule.

Das ist meine Klasse – die 6C.

Guten Morgen! Ruhe bitte!

Das ist meine Lehrerin. Sie heißt Frau Jakob.

2 🔊 Wer oder was ist das? Hör gut zu und finde die passenden Bilder.

Beispiel: **1** *Das ist ein Lehrer.* = **a**

Hilfe

Wer ist das?

Das ist ein/mein Lehrer.
ein Schüler.
eine/meine Lehrerin.
eine Schülerin.

Was ist das?

Das ist ein Schreibtisch.
ein Stuhl.
eine Tafel.
ein Klassenzimmer.

3 🔊 Hör gut zu und lies mit.

> Hast du einen Kuli?

> Ja, ich habe einen Kuli. Ich habe auch ein Heft, einen Bleistift und einen Rechner. Hast du ein Lineal, bitte?

Tipp ▪ *Tipp* ▪ *Tipp*

du oder Sie?

du = Freunde, Familie, Kinder (*children*) und Tiere
Sie = dein Lehrer/deine Lehrerin, Erwachsene (*adults*)

4 Was sagst du? *du* oder *Sie*?
1 deine Mutter   4 ein Baby
2 Omas Hund   5 Sandra (sie ist 13)
3 Frau Meier   6 Sandras Vater

> Hier. Frau Jakob, haben Sie einen Radiergummi, bitte?

> Nein, leider nicht.

Hilfe

Hast du	einen Bleistift?	Ja, ich habe …
Haben Sie	einen Filzstift?	Hier, bitte.
	einen Füller?	Nein, leider nicht.
	einen Kuli?	
	einen Radiergummi?	
	einen Rechner?	
	einen Spitzer?	
	eine Tasche?	
	ein Buch?	
	ein Heft?	
	ein Lineal?	

D ▶

Grammatik
im Fokus   *Hast du einen/eine/ein …?*

m.	**ein** Kuli	➡	**Hast du einen Kuli? (ein + en)**
f.	**eine** Tasche	➡	**Haben Sie eine Tasche?**
n.	**ein** Lineal	➡	**Ich habe ein Lineal.**

5 a *ein* (m.), *eine* (f.) oder *ein* (n.)?
Spitzer   Rechner   Heft
Tasche   Lineal   Füller

5 b *Hast du einen/eine/ein … ?*
Füll die Lücken aus.
1 Hast du _____ Heft?
2 Ich habe _____ Füller.
3 Haben Sie _____ Tasche?
4 Ich habe _____ Lineal.
5 Hast du _____ Spitzer?
6 Haben Sie _____ Rechner?

6 👥 Du hast keinen Bleistift, Kuli usw. Frag deinen Partner/deine Partnerin.

Beispiel: **A** *Hast du einen Bleistift?*
B *Nein, leider nicht. Hast du einen Kuli?*
A *Ja, ich habe einen Kuli.*

Extra! 👥 Macht Schüler-Lehrer-Dialoge.

Beispiel: **A** *Frau Jakob, haben Sie einen Kuli?*
B *Ja, hier.*

E ▶   F ▶

137 ▶

Schulfächer

1a 🔊 Hör gut zu und wiederhole.

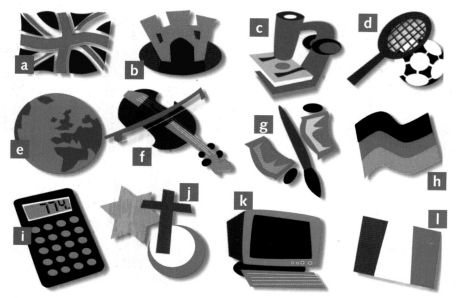

Hilfe

Deutsch
Englisch
Erdkunde
Französisch
Geschichte
Informatik
Kunst
Mathe
Musik
Naturwissenschaften
   (Biologie, Chemie, Physik)
Religion
Sport

1b Finde die passenden Hilfe-Wörter für die Bilder.

   Beispiel: a Englisch

2 🔊 Hör gut zu und lies mit.

Mein Lieblingsfach ist Geschichte!

Ich finde Deutsch sehr gut – einfach prima!

Mathe – Mathe ist fantastisch!

Mein Lieblingsfach ist Sport. Sport ist super!

3 🔊 Hör gut zu und lies mit.

H ▶

4 👥 Was ist dein Lieblingsfach?
Magst du Mathe usw.? Und dein Partner/
deine Partnerin? Macht Dialoge.

Beispiel:
A Was ist dein Lieblingsfach?
B Mein Lieblingsfach ist Erdkunde.
A Magst du Englisch?
B Nein, ich finde Englisch langweilig.

Neue Wörter

1 Schreib neue Wörter in dein Vokabelheft.

2 Mach dein Heft zu. Schreib die Wörter auf
einen Zettel.

3 Korrigiere deinen Zettel.

4 Nimm die neuen Wörter auf Kassette auf.
Hör gut zu und wiederhole.

Extra! 👥 Macht eine Klassen-Umfrage.
Fragt: „Wie findest du … ?" Schreibt die
Fragen und die Antworten auf.

Beispiel: *„Wie findest du Deutsch?"*
super: 10 Schüler
gut: 5 Schüler

I J ▶

Hilfe

Wie findest du Sport?	
Ich finde Sport	fantastisch.
Sport ist	prima.
	super.
	interessant.
	gut.
	schwer.
	langweilig.
	doof.
	furchtbar.

Was ist dein Lieblingsfach?
Mein Lieblingsfach ist Englisch.
Magst du Mathe?
Ich mag Mathe.
Ich mag Mathe nicht.
Ich mag die Pausen!

Wie spät ist es?

You will learn how to ...

✓ say what time it is: *Es ist acht Uhr. Es ist Viertel vor zehn.*

✓ ask what time it is: *Wie spät ist es? Wie viel Uhr ist es?*

✓ ask when your lessons are: *Wann haben wir Mathe? Wann beginnt Englisch?*

✓ say what time your lessons start: *Um Viertel nach neun.*

1 🔊 Hör gut zu und lies mit.

> *Es ist acht Uhr. Ich habe Mathe – langweilig!*

> *Es ist Viertel vor zehn. Wir haben Pause.*

> *Es ist halb zwei. Wir haben Sport.*

K ▶

Hilfe

Wie spät ist es?
Wie viel Uhr ist es?

Es ist: zwei Uhr.

halb zwei.

Viertel vor zwei.

Viertel nach zwei.

Mittag.

Mitternacht.

2a 🔊 Hör gut zu und finde die passenden Bilder.

Beispiel: 1 = d

a   b   c   d   e   f

2b 👥 Wie spät ist es in a–f? Frag deinen Partner/ deine Partnerin.

Beispiel: **A** *Wie spät ist es in ‚a'?*
B *Es ist Viertel nach elf.*

L ▶

Extra! Finde die richtige Reihenfolge. Schreib die Sätze auf.

Beispiel: *Es ist ein Uhr.*
Es ist Viertel vor vier.

Grammatik
im Fokus *ich habe, du hast*

Ich habe Deutsch.	Er/sie hat Deutsch.
Du hast Deutsch.	Wir haben Deutsch.

3 Füll die Lücken aus.
  1 Wann h_____ wir Mathe?
  2 Susi h_____ einen Rechner.
  3 H_____ du ein Heft?
  4 Ich h_____ Englisch.

`144` ▶

Gut gesagt! ,zw'

4a 🔊 Hör gut zu und wiederhole.

  zwei   zwölf   zwanzig

4b 🔊 Hör gut zu und wiederhole.

Zwölf Zwiebeln zwicken zwei Zwerge!

Wann hast du Englisch?	Um neun Uhr.
Wann haben wir Mathe?	Um Viertel nach zehn.
Wann beginnt Erdkunde?	Um halb eins.

5 🔊 Hör gut zu. Richtig oder falsch?
Beispiel: 1 *Richtig*

1 8.00

2

3

4 12.00

5

6

7

8

6 👥 Wann beginnt … ? Macht Dialoge.
Beispiel: A *Wann beginnt Deutsch?*
        B *Um acht Uhr.*

8.00	8.45	9.45	10.30	11.45	12.30	1.15
Deutsch	Mathe	Biologie	Englisch	Kunst	Erdkunde	Sport

M ▶

Mein Schultag

1 Hör gut zu und lies mit.

Am Montag habe ich Musik.

Am Dienstag habe ich Sport.

Am Mittwoch habe ich Biologie.

Am Donnerstag habe ich Erdkunde.

Am Freitag habe ich Kunst.

Am Samstag habe ich Informatik.

Am Sonntag habe ich keine Schule!

2a Was hat Jasmin und wann?
Hör gut zu und füll die Lücken aus.

Beispiel:

Montag: Mathe, Englisch, Geschichte

Religion	Physik	Erdkunde
	Französisch	Sport
Englisch		Biologie

Montag: Mathe, _____ , Geschichte

Dienstag: Deutsch, _____ , Kunst

Mittwoch: Sport, _____ , _____

Donnerstag: Informatik, _____ , Musik

Freitag: Deutsch, Mathe, _____

Samstag: _____ , Musik

2 b 🔊 Welche Fächer mag Jasmin? Welche Fächer mag sie nicht? Hör noch einmal gut zu und schreib zwei Listen.

Extra! Eine Schulzeitung in Deutschland fragt: „Welche Fächer magst du?" Schreib einen Artikel für Jasmin.

3 👥 Lest den Stundenplan. Richtig oder falsch? **A** fragt, **B** antwortet. Dann ist **B** dran.

> *Beispiel:* **A** *Was hast du am Montag?*
> **B** *Am Montag habe ich Mathe.*
> **A** *Falsch!*

Hilfe

Was hast du am Montag?

Am	Montag	habe ich	Mathe.
	Dienstag		Englisch.
	Mittwoch		Kunst.
	Donnerstag		Erdkunde.
	Freitag		Sport.
	Samstag		frei!
	Sonntag		keine Schule!

STUNDENPLAN

	Montag	Dienstag	Mittwoch	Donnerstag	Freitag	Samstag
8.00	Deutsch	Mathe	Deutsch	frei	Französisch	Religion
8.45	Deutsch	Mathe	frei	Biologie	Französisch	Chemie
9.30	Pause	Pause	Pause	Pause	Pause	frei
10.00	Englisch	frei	Sport	Erdkunde	frei	frei
10.45	frei	Geschichte	Sport	Kunst	Englisch	frei
11.30	Physik	Musik	Englisch	Kunst	Geschichte	frei

O P ▶

4 👥 Du bist dran! Was hast du am Montag, Dienstag, Mittwoch, … ? Schau auf deinen Stundenplan.

> *Beispiel:* **A** *Was hast du am Montag?*
> **B** *Am Montag habe ich Mathe, Kunst, Naturwissenschaften und Englisch.*

Extra! Deine Mutter fragt: „Was hast du am Montag, …?" Schreib eine Liste für sie.

> *Beispiel:* *Am Montag habe ich …*

Grammatik
im Fokus *Am Montag habe ich ...*

Ich **habe** Deutsch. ➡ Am Montag **habe** ich Deutsch.

5 Schreib die Sätze richtig auf.

1 ich / Am Mittwoch / Mathe / habe / .
2 Englisch / habe / Am Donnerstag / ich / .
3 habe / Kunst / ich / Am Freitag / .
4 Am Dienstag / Sport / ich / habe / .
5 Musik / ich / Am Samstag / habe / .

148 ▶

Q R ▶

Viel Spaß!

Gedächtnisspiel

1 Schau das Bild an (2 Minuten).

2 Mach das Buch zu. Wer oder was ist im Bild?
Schreib 10 Wörter auf.
Beispiel: ein Lehrer, …

3 Lies die Fragen und schreib die Antworten auf.

Fragen

1 Wie spät ist es?

2 Wie heißt der Lehrer?

3 Wie heißt die Klasse?

4 Welches Fach hat die Klasse?

5 Welcher Tag ist es?

Kannst du ... ?

✓ sagen:	Das ist mein Lehrer. Das ist ein Schreibtisch.
✓ fragen und sagen:	Hast du einen Bleistift? Ich habe ein Lineal.
✓ sagen:	Mein Lieblingsfach ist Mathe. Ich finde Deutsch super. Kunst ist langweilig! Ich mag Sport nicht.
✓ fragen:	Was ist dein Lieblingsfach? Wie findest du Französisch?
✓ fragen:	Wie spät ist es? Wie viel Uhr ist es?
✓ sagen:	Es ist zwölf Uhr. Es ist Viertel nach sechs.
✓ fragen und sagen:	Wann haben wir Mathe? Um Viertel nach neun.
✓ fragen und sagen:	Was hast du am Montag? Am Sonntag habe ich frei! Am Dienstag habe ich Englisch.

Und Grammatik im Fokus ... ?

✓ Hast du einen/eine/ein ...?	Hast du einen Kuli/eine Tasche/ein Heft?
✓ ich habe, du hast ...	Ich habe Deutsch. Du hast Geschichte.
✓ Am Montag habe ich ...	Am Montag habe ich Englisch.

Wie ist deine Schule?

Eine Schule in Deutschland fragt: „Schule in Großbritannien – wie ist das?"

1a Mach ein Klassen-Poster. Zeichne Bilder oder finde Fotos. Wer oder was ist das? Schreib die Wörter auf.

1b Schreib deinen Stundenplan auf das Poster.

1c Deine Schulfächer: Zeichne Bilder.

meine Lehrerin
eine Tafel
ein Schreibtisch

	Montag	Dienstag	Mittwoch	Donnerstag	Freitag
9.30	Deutsch	Mathe	Deutsch	Naturwissen-schaften	Französisch
10.20	Naturwissen-schaften	Sport	Geschichte	Biologie	Englisch
11.10	Pause	Pause	Pause	Pause	Pause
11.30	Mathe	Englisch	Erdkunde	Religion	Mathe
12.20	Pause	Pause	Pause	Pause	Pause
1.30	Englisch	Musik	Informatik	Erdkunde	Naturwissen-schaften
2.20	Französisch	Geschichte	Sport	Kunst	Englisch

2 Lieblingsfächer: Mach eine Klassen-Umfrage. Schreib die Resultate auf (z. B. mit dem Computer).

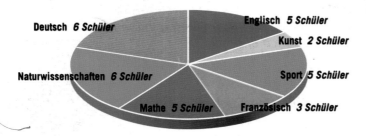

Deutsch *6 Schüler*
Englisch *5 Schüler*
Kunst *2 Schüler*
Sport *5 Schüler*
Französisch *3 Schüler*
Mathe *5 Schüler*
Naturwissenschaften *6 Schüler*

3a Beschreibt einen Schultag – z. B. Montag, Dienstag usw. Findet . Nehmt die Informationen auf.

3b Beschreib auch:
- deine Schule
- deine Klasse
- deinen Lehrer/deine Lehrerin
- deine Schulfächer

> Meine Schule ist alt und groß. Meine Klasse heißt 8A. Mein Lehrer heißt Herr Miller. Er ist sehr freundlich. Mein Lieblingsfach ist Deutsch, aber Mathe finde ich langweilig.

Klasse! - Magazin

ZEIT	MONTAG	DIENSTAG	MITTWOCH	DONNERSTAG	FREITAG	SAMSTAG
	Mathe	Englisch	Deutsch	Technik	Englisch	—
8⁰⁰ – 8⁴⁵	Deutsch	Biologie	Musik	Technik	Englisch	—
8⁵⁰ – 9³⁵	Englisch	Deutsch	Physik	Mathe	Physik	—
9⁵⁵ – 10⁴⁰	Übung	GL	Reli	Deutsch	Mathe	—
10⁴⁵ – 11³⁰	Reli	Mathe	OA	Deutsch	Sport	—
11⁴⁵ – 12³⁰	OA	Übung	Biologie	OA	Sport	—
12³⁵ – 13²⁰	Musik		ÜB	Englisch		—
14⁰⁵ – 15¹⁰	AG			GL		—
15¹⁵ – 16⁰⁰	AG			ÜB		—

HANS Müller
6C Englisch

25

BRUNNEN

Mathieu Orlectra
Klasse 6c
Deutsch

50/50
an der Gesamtschule
Am Lauerhaas WESEL
Energie-
spar-
programm

Wiederholung

1a 🔊 Hör gut zu. Kopiere die Postkarten und füll die Lücken aus.

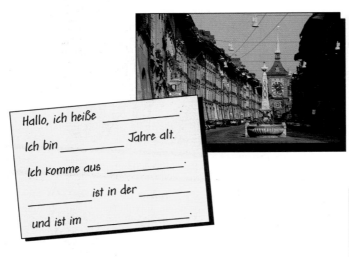

Hallo, ich heiße _____.
Ich bin _____ Jahre alt.
Ich komme aus _____.
_____ ist in der _____
und ist im _____

Hallo, ich heiße _____. Ich
bin _____ Jahre alt. Ich
komme aus _____. _____ ist
in _____ und ist im _____.

1b 👥 Du bist ein Reporter. Mach Interviews.

Beispiel:
A Wie heißt du?
B Ich heiße John.
A Wie schreibt man das?
B J - O - H - N.

2a Lies Astrids E-Mail. Kopiere dann den Steckbrief und füll die Lücken aus.

Name:.................................
....
Alter:...............................

Wohnort:.............................

Geschwister:.........................

Haustiere:...........................

Lieblingsfach:.......................

Mag nicht:...........................

Nachricht

Hallo! Ich heiße Astrid. Ich bin zwölf Jahre alt.

Ich wohne in Frankfurt. Ich habe einen Bruder und eine Schwester. Mein Bruder heißt Lars und meine Schwester heißt Ines. Ines ist sehr fleißig, aber Lars ist ziemlich faul.

Ich habe ein Haustier: eine Katze. Meine Katze heißt Micky. Sie ist weiß und schwarz – und sie ist sehr jung und klein!

Mein Lieblingsfach ist Mathe und ich finde Deutsch sehr gut. Aber Englisch mag ich nicht – die Lehrerin ist freundlich, aber ich finde Englisch langweilig.

Und du? Bitte schreib bald wieder!

Tschüs
Astrid

Hilfe

Name	=	Wie heißt sie?
Alter	=	Wie alt ist sie?
Wohnort	=	Wo wohnt sie?

2b Schreib einen Brief oder eine E-Mail an Astrid oder nimm eine Kassette über dich auf.

3a 🔊 Herr Hase hat einen Haustier-Zoo. Hör gut zu und finde die richtige Reihenfolge für die Bilder.

3b 👥 Gedächtnisspiel: **A** ist Herr Hase, dann ist **B**, **C**, **D** usw. dran.

Beispiel:
A Ich habe ein Pferd.
B Ich habe ein Pferd und einen Fisch.
C Ich habe ein Pferd, einen Fisch und einen Hund.

4a 👥 Was haben Kai, Anne, Kalib und Susi? Macht Dialoge.

Beispiel: *A Was hat Kai?*
B Kai hat einen Bleistift, ein Heft und ein Lineal.

4b Zeichne eine Tasche. Was hast du? Schreib eine Liste.

Beispiel: *Ich habe ein Heft, ein Lineal, …*

4c 👥 Was hat dein Partner/deine Partnerin in der Tasche?

Beispiel *A Hast du ein Buch?*
B Ja, ich habe ein Buch.
B Hast du einen Füller?
A Nein, ich habe keinen Füller.

5a Mustafas Schule und Schultag. Kopiere den Text und füll die Lücken aus.

5b Und du? Beschreib deine Schule und deinen Schultag.

Meine Adresse

You will learn how to …

✓ count up to 100

✓ give your address and house number: *Meine Adresse ist Gartenstraße 28.*
   Meine Hausnummer ist 39.

✓ ask someone for their address: *Wie ist deine Adresse? Wo wohnst du?*

1 Hör gut zu und lies mit.

zwanzig   einundzwanzig   zweiundzwanzig   dreiundzwanzig   vierundzwanzig   fünfundzwanzig

sechsundzwanzig   siebenundzwanzig   achtundzwanzig   neunundzwanzig   dreißig   vierzig

fünfzig   sechzig   siebzig   achtzig   neunzig   hundert

A ▶

2a Hör gut zu. Kopiere die Lottokarte und kreuz die Zahlen an.

17	21	26	29
34	38	43	49
52	57	65	66

2b A zeigt auf eine Zahl, B sagt die Zahl. Dann ist B dran.

Extra! A sagt eine Zahl, B schreibt die Zahl auf. Dann ist B dran.

Beispiel: A 61!
   B einundsechzig

Tipp ▪ Tipp ▪ Tipp

Zahlen

3a Wie heißt das auf Englisch?

Auf Deutsch:	Auf Englisch:
vier**und**zwanzig	?
acht**und**sechzig	?

3b Schreib die Zahlen in Wörtern auf.

   a 36   **b** 51   **c** 72   **d** 84

4a 🔊 Hör gut zu und lies mit.

Okay, um halb vier. Und wo wohnst du, Annika?

Meine Adresse ist Kaiserstraße 36.

Hausnummer 34 … ah, hier ist Hausnummer 36.

5a 🔊 Hör gut zu und finde die passenden Bilder.

a **Langegasse 56**

b **Hansaplatz 23**

c **Pragerstraße 91**

d **Wasserweg 47**

Extra! 🔊 Hör gut zu und schreib die Adressen auf.

6 👥 Lest die Adressen und macht Dialoge.

Nadia	– Alsterstraße 58
Katrin	– Hamburger Weg 26
Philipp	– Turnerstraße 90
Lisa	– Schulplatz 32
Karsten	– Poststraße 44
Sebastian	– Philippsplatz 67

C D ▶

4b 👥 Wo wohnst du? **B** wählt eine Zahl, **A** fragt. **A** schreibt die Zahl auf. Dann ist **B** dran.

Beispiel: **A** *Wo wohnst du?*
B *Nummer 51.*

B ▶

Hilfe

Wo wohnst du?
Wie ist deine Adresse?

Meine Adresse ist …
Meine Hausnummer ist …

Gut gesagt! ‚sch'

7a 🔊 Städte in Deutschland. Hör gut zu und lies mit.

Schambeck　**Schuldorf**

Schönebeck　**Schlegen**

Schwerin　**Schreimen**

7b 🔊 Hör gut zu und wiederhole.

Mein Haus

You will learn how to ...

✓ describe your house or flat: *Ich wohne in einem Doppelhaus.*

✓ describe where you live: *Ich wohne in der Stadt. Ich wohne auf dem Land.*

1 📼 Hör gut zu und lies mit.

Hallo! Ich wohne in einer Wohnung.

Tag! Ich wohne in einem Doppelhaus.

Und ich wohne in einem Bungalow.

2 📼 Hör gut zu und finde die passenden Bilder für jede Person.

Beispiel: **1** *Clemens – c*

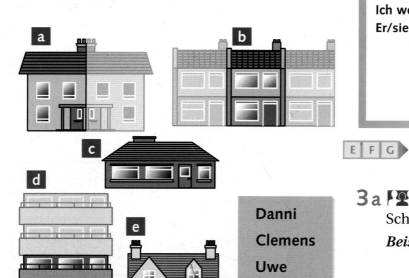

Danni
Clemens
Uwe
Ulla
Rainer

Hilfe

Ich wohne	in einem	Bungalow.
Er/sie wohnt	in einer	Wohnung.
	in einem	Haus.
		Doppelhaus.
		Einfamilienhaus.
		Reihenhaus.

E F G ▶

3a 👥 Mach eine Umfrage. Frag zehn Schüler/Schülerinnen: „Wo wohnst du?"

Beispiel: **A** *Wo wohnst du?*
B *Ich wohne in einer Wohnung.*
A *Und wo wohnst du?*
C *Ich wohne ...*

3b Schreib die Antworten auf.

Beispiel: Sarah wohnt in einer Wohnung.

4a Finde Tom und seine Freunde –
wo wohnen sie? Schreib Sätze.

Beispiel: *Tom wohnt in der Stadt.*

Tom   Kai   Isa   Kwame   Lin

am Stadtrand

auf dem Land

in der Stadt

in einem Dorf

in einer Wohnsiedlung

H ▶

4b 🔊 Ist alles richtig? Hör gut zu.

4c 👥 Du bist dran! Wo wohnst du?

Beispiel: *A Wo wohnst du?*
B Ich wohne in der Stadt.

I J ▶

Gut gesagt! ,st'

5a 🔊 Hör gut zu und lies mit.

Steffi Stahlmann
Steinstraße 24
Stuttgart

Stanislaus Steck
Stubenstraße 67
Stahlstadt

5b 🔊 Hör gut zu und wiederhole.

Grammatik

im Fokus *Ich wohne in einem/einer ...*

m. **ein** Bungalow ➡		in **einem** Bungalow. (ein + em)
f. **eine** Wohnung ➡	**Ich wohne**	in **einer** Wohnung. (eine + r)
n. **ein** Dorf ➡		in **einem** Dorf. (ein + em)

6b Ich wohne in ...
Schreib Sätze.

Beispiel: *a Ich wohne
in einer Wohnung.*

6a *einem* oder *einer*? Füll die Lücken aus.

1 Ich wohne in ——————— Wohnsiedlung.

2 Ich wohne in ——————— Dorf.

3 Ich wohne in ——————— Bungalow.

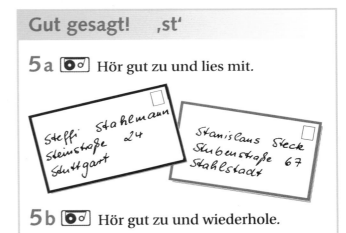

K ▶

138 ▶

Und das ist die Küche ...

You will learn how to ...

✓ describe the rooms in your house or flat: *Das ist die Küche. Das ist das Wohnzimmer.*

✓ talk about where the different rooms are: *Wo sind die Schlafzimmer? Das Badezimmer ist im ersten Stock.*

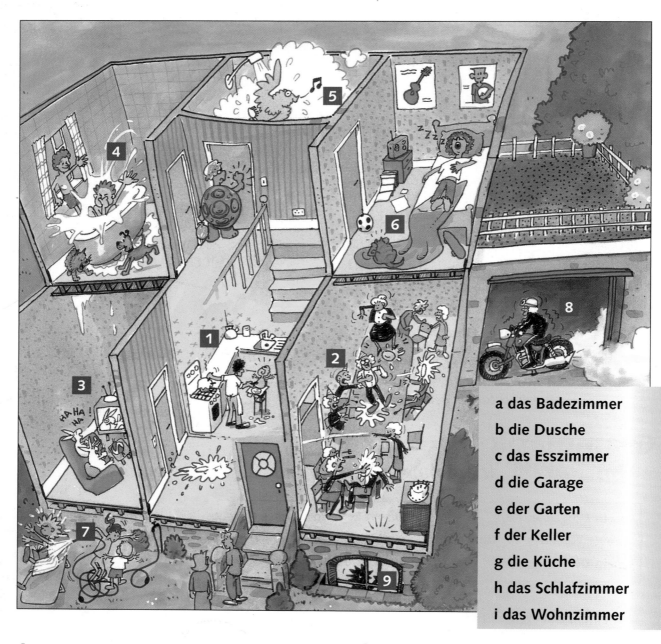

a das Badezimmer

b die Dusche

c das Esszimmer

d die Garage

e der Garten

f der Keller

g die Küche

h das Schlafzimmer

i das Wohnzimmer

1a 🔊 Hör gut zu und finde die passenden Wörter für die Zimmer.

Beispiel: 1 = g die Küche

1b 👥 Ist alles richtig? **A** fragt, **B** antwortet. Dann ist **B** dran.

Beispiel:
A *Nummer 1 – was ist das?*
B *Das ist die Küche.*

Grammatik im Fokus *der/die/das/die*

There are four words in German for 'the': *der*, *die*, *das*, and *die*. Which one you use depends on whether the noun is masculine (Maskulinum), feminine (Femininum), neuter (Neutrum) or plural (Plural):

Maskulinum	**der** Garten
Femininum	**die** Küche
Neutrum	**das** Zimmer
Plural	**die** Schlafzimmer

2a Schreib die Wörter in drei Listen: Maskulinum, Femininum und Neutrum.

> Garage · Garten · Schlafzimmer · Wohnzimmer · Dusche · Keller

2b Schreib jetzt auch *der*, *die* oder *das* für die Wörter auf.

Hilfe

Das Wohnzimmer ist im Erdgeschoss.
Das Badezimmer ist im ersten Stock.
Die Schlafzimmer sind im zweiten Stock.

3 🔊 Jasmin beschreibt ihr Haus. Wo sind die Zimmer? Hör gut zu und schreib *E* (im Erdgeschoss), *1* (im ersten Stock) oder *2* (im zweiten Stock).

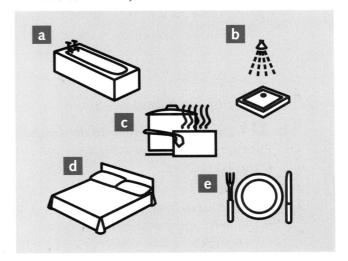

4a Du bist dran! Zeichne dein Traumhaus und schreib die Zimmer auf.

4b 👥 Wo sind die Zimmer in deinem Traumhaus? **A** fragt, **B** antwortet. Dann ist **B** dran.

Beispiel: *A Wo ist die Küche?*
B Die Küche ist im Erdgeschoss.

Ⓝ▶

Extra! Beschreib dein Traumhaus: schreib Sätze.

- ☐ Was für Zimmer hat es?
- ☐ Wo sind die Zimmer?
- ☐ Wer wohnt im Traumhaus?

Tipp · Tipp · Tipp

Schreibhilfe

Schreib viel auf Deutsch! Zum Beispiel:

- ☐ Schreib Listen auf Deutsch.
- ☐ Schreib ‚Top 10'-Listen auf Deutsch: deine Lieblingstiere, deine Lieblingshobbys, deine Lieblingsfächer usw.
- ☐ Schreib Briefe an andere Schüler und Schülerinnen.
- ☐ Schreib dein Tagebuch auf Deutsch.

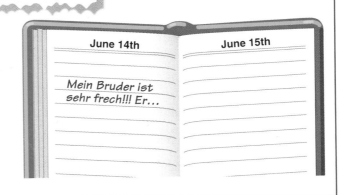

June 14th   June 15th

Mein Bruder ist sehr frech!!! Er...

Mein Zimmer

You will learn how to ...

✓ say if you share your room or not: *Ich teile mein Zimmer. Ich habe mein eigenes Zimmer.*

✓ say what there is in your room: *In meinem Zimmer gibt es einen Fernseher.*

✓ describe your room and the things in it: *Mein Zimmer ist sehr schön.*
   Mein Schreibtisch ist alt und braun.

1a 🔊 Hör gut zu und lies mit.

1b 👥 Du bist dran! Hast du dein eigenes Zimmer? **A** fragt, **B** antwortet. Dann ist **B** dran.

Beispiel:
A *Hast du dein eigenes Zimmer?*
B *Ja, ich habe mein eigenes Zimmer. Und du?*
A *Nein, ich teile mein Zimmer mit John – das ist mein Bruder.*

> Und das ist mein Zimmer! Ich teile mein Zimmer mit Silke – das ist meine Schwester. Und du?

> Ich habe mein eigenes Zimmer. Aber es ist sehr klein.

2a 🔊 Hör gut zu und finde die passenden Wörter.

Beispiel: **a** = 6 ein Poster

1 ein Bett
2 ein Computer
3 ein Fernseher
4 ein Kleiderschrank
5 eine Lampe
6 ein Poster
7 ein Regal
8 ein Schreibtisch
9 ein Sofa
10 eine Stereoanlage
11 ein Stuhl

O ▶

2b 🔊 Annika und Atalay beschreiben ihre Zimmer. Was haben sie? Hör gut zu und finde die passenden Bilder.

Beispiel: Annika = a, ...

P ▶

3 👥 Wie ist dein Traumzimmer?
A sagt 2–3 Sätze. Dann ist **B** dran.

Beispiel:

*Mein Zimmer ist sehr groß. Ich habe
ein Sofa. Das Sofa ist gelb und blau.*

Extra! Beschreib dein Traumzimmer
für deinen Brieffreund/deine
Brieffreundin.

4 📼 Was gibt es in Svens
Zimmer? Hör gut zu und finde
die passenden Bilder.

Hilfe

Ich habe mein eigenes Zimmer.		
Ich teile mein Zimmer.		
Ich habe	einen Computer	in meinem Zimmer.
	eine Lampe	
	ein Bett	
	ein Poster	

Mein Zimmer ist	groß/klein/schön/alt/modern.
Der Schreibtisch ist	schwarz/braun/grün/rot.

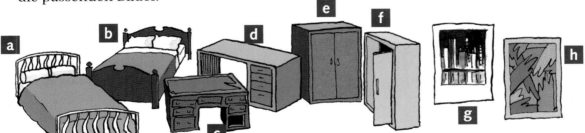

Grammatik
im Fokus *In meinem Zimmer gibt es ...*

m.	ein Computer	➡	In meinem Zimmer gibt es einen Computer. (ein + en)
f.	eine Lampe	➡	In meinem Zimmer gibt es eine Lampe.
n.	ein Bett	➡	In meinem Zimmer gibt es ein Bett.

5a Schreib die Sätze richtig auf.

1 meinem / gibt / Kleiderschrank / einen /
es / In / Zimmer / .

2 Computer / es / In / Zimmer / einen / gibt /
meinem / .

3 Zimmer / es / ein / meinem / In / Regal / gibt / .

4 gibt / meinem / es / Zimmer / Fernseher /
einen / In / .

5b Füll die Lücken aus.

1 In meinem Zimmer gibt es _____
Computer.

2 In meinem Zimmer gibt es _____ Lampe.

3 In meinem Zimmer gibt es _____ Bett.

6a 👥 Was gibt es in deinem Zimmer?
A zeichnet ein Zimmer und beschreibt
es; **B** zeichnet das Zimmer.

Beispiel:

In meinem Zimmer gibt es ein Bett ...

6b 👥 Gedächnisspiel.

Beispiel:

A *In meinem Zimmer gibt es ein Bett.*

B *In meinem Zimmer gibt es ein Bett
und einen Kleiderschrank.*

C *In meinem Zimmer gibt es ein Bett,
einen Kleiderschrank und ...*

137

Das Zuhause-Spiel

Viel Spaß!

Spiel mit .

Finde ⚃. Hast du eine ⚀? Du beginnst.

Ist deine Antwort falsch?
Du gehst zwei Felder zurück.

Ist deine Antwort richtig? Du bleibst auf dem Feld.

Bist du am ZIEL?
Herzlichen Glückwunsch – du bist Sieger!

Fragen

- Welche Hausnummer?
- Wo wohnst du?
- Welches Zimmer?
- Was ist das?

Und das ist mein Zimmer!

Super!

Das ist mein Fernseher Er ist ganz neu.

Fantastisch!

Ja! Hast du ,Das Monster-Horror-Haus'?

Ja, und das ist mein Computer. Magst du Computerspiele?

Na, klar!

Toll! Komm, wir spielen! Was ist dein Passwort, Tom?

He!!

Passwort? Also, ähm ... ja ...

Tom! Das ist mein Zimmer - und mein Computer!

Kannst du ... ?

✓ bis 100 zählen: einundzwanzig, vierunddreißig ...

✓ dein Haus/deine Wohnung beschreiben: *Meine Adresse ist Goldstraße 28. Meine Hausnummer ist 85. Ich wohne in einem Reihenhaus.*

✓ fragen und sagen: *Wie ist deine Adresse? Wo wohnst du? Ich wohne in der Stadt.*

✓ Zimmer beschreiben: *Das ist die Küche. Das Wohnzimmer ist im Erdgeschoss.*

✓ fragen und sagen: *Wo ist das Esszimmer? Wo sind die Schlafzimmer?*

✓ dein Zimmer beschreiben: *Ich habe mein eigenes Zimmer. Es ist sehr groß. In meinem Zimmer gibt es ein Sofa. Es ist neu und rot.*

Und Grammatik im Fokus ... ?

✓ *Ich wohne in einem/einer ...* *Ich wohne in einem Bungalow/einer Wohnung/einem Dorf.*

✓ *In meinem Zimmer gibt es ...* *In meinem Zimmer gibt es einen Kleiderschrank/ eine Lampe/ein Bett.*

Mein Zuhause

1 Wo wohnst du? In der Stadt, am Stadtrand? Zeichne einen Plan. Schreib einen Satz.

2 Wo wohnst du? In einem Doppelhaus, in einer Wohnung? Zeichne dein Haus oder finde ein Foto. Schreib einen Satz.

3 Wie ist dein Traumhaus? Wie viele Zimmer hat es? Zeichne dein Traumhaus oder finde Fotos. Beschreib dein Traumhaus in Sätzen.

4 Wie ist dein Traumzimmer im Traumhaus ? Was gibt es in deinem Traumzimmer? Wie sind die Farben? Zeichne einen Plan. Beschreib dein Traumzimmer in Sätzen.

5a Finde  .

5b Nimm alles auf.

Ich wohne am Stadtrand. Ich wohne in einem Einfamilienhaus.

Mein Traumhaus ist groß und sehr modern! Das Haus ist auf dem Land.

Mein Traumzimmer ist toll! In meinem Traumzimmer gibt es einen Fernseher, einen Computer und eine Stereoanlage!

Klasse! - Magazin

1 Lies die Beschreibungen und finde die passenden Bilder.

a Haus (100 Jahre alt), mit Garten (groß) auf dem Land.

b Bungalow (weiß), 2 Schlafzimmer (klein), am Stadtrand.

c Einfamilienhaus, modern (1 Jahr alt), in einer Wohnsiedlung; 4 Schlafzimmer; 2 Badezimmer; Wohnzimmer (groß); Esszimmer; Musikzimmer.

d Wohnung (im dritten Stock) in der Stadtmitte; kein Garten.

5 Etwas zum Essen

Guten Appetit!

You will learn how to …
✓ say what you eat and drink: *Ich esse Brot mit Käse. Ich trinke Cola.*
✓ ask others what they eat and drink: *Was isst du? Was trinkst du?*

1 🔊 Hör gut zu und lies mit.

Atalay ist allein zu Hause. Er macht Essen.

> *Montag: Also, ich esse Nudeln mit Käse – lecker! Und ich trinke Cola …*

2a 🔊 Was ist in Atalays Kühlschrank? Hör gut zu und lies mit.

A

2b Lies Atalays Speiseplan und finde die passenden Bilder.

Beispiel: Montag = e, g, m

Brötchen **b** — **a** Brot
Wurst **c**
d Fisch — **e** Nudeln
Kartoffeln **f** — **g** Käse
h Salat
eine Banane **i** — **j** ein Ei
Orangensaft **m** — **o** Cola
Jogurt **l**
n Milch
k
ein Apfel

Atalays Speiseplan

Montag: Nudeln mit Käse, Orangensaft
Dienstag: Brot, ein Ei und ein Apfel
Mittwoch: Fisch mit Kartoffeln, ein Jogurt
Donnerstag: Wurst mit Salat, Milch
Freitag: Brötchen mit Käse, eine Banane

B **C**

Hilfe

Was isst du?	
Ich esse	Brot/Brötchen/Nudeln mit Käse.
	Fisch/Wurst mit Kartoffeln/Salat.
	Jogurt.
	einen Apfel/eine Banane/ein Ei.
Was trinkst du?	
Ich trinke Cola/Milch/Orangensaft.	

2 c Du bist dran! Was findest du lecker – und was findest du furchtbar? Schreib zwei Listen.

Beispiel: _lecker_   _furchtbar_
           Wurst   Ei

Extra! Schreib einen Speiseplan für dich.

3 📼 Was essen Jasmin, Annika, Sven und Valerie? Hör gut zu und finde die passenden Bilder.

D ▶

4 a 👥 Es ist Mittag. Was isst und trinkst du? Macht Dialoge.

Beispiel: A _Was isst du?_
           B _Ich esse Fisch mit Salat._
           A _Und was trinkst du?_
           B _Ich trinke Cola._

4 b Schreib jetzt Sätze.

Beispiel: _Ich esse Fisch mit Salat._
           Ich trinke Cola.

Tipp ▪ Tipp ▪ Tipp

Wörterbuchhilfe: Neue Wörter

Wurst – wie heißt das auf Englisch?

Schau im Deutsch-Englisch-Wörterbuch nach:

Wurst _die_ - (PL _die_ **Würste)** sausage

‚the' – immer ‚der', ‚die' oder ‚das' (Maskulinum, Femininum, Neutrum)

PL = plural (z. B. zwei Würste)

juice – wie heißt das auf Deutsch?

Schau im Englisch-Deutsch-Wörterbuch nach:

juice _n._ Saft _der_

noun

‚the' – immer ‚der,' ‚die' oder ‚das' (Maskulinum, Femininum, Neutrum)

5 a Wie heißt das auf Englisch? Schau im Wörterbuch nach.

1 der Blumenkohl

2 die Limonade

3 das Rührei

4 die Erbsen (pl.)

5 b Und wie heißt das auf Deutsch?

1 soup

2 toast

3 fruit juice

4 beans

Mahlzeit!

You will learn how to …

✓ say the names of different meals: *das Frühstück, das Mittagessen, das Abendessen*

✓ say what you eat and drink for each meal: *Zum Frühstück esse ich Müsli.*
  Zum Mittagessen esse ich Hähnchen mit Reis. Zum Abendessen trinke ich Milch.

✓ ask others what they eat and drink for each meal: *Was isst du zum Frühstück?*

1a 🔊 Hör gut zu und lies mit.

Karin	Urs	Maria
		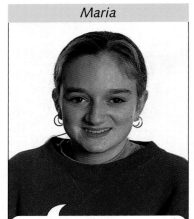

Zum Frühstück esse ich meistens Müsli, Cornflakes oder Brot mit Marmelade und Honig. Und ich trinke Kaffee.

Zum Mittagessen esse ich normalerweise Hähnchen oder Fisch mit Kartoffeln oder Reis. Zum Mittagessen trinke ich Wasser.

Zum Abendessen esse ich Brötchen mit Butter, Wurst und Käse. Ich esse auch ein Ei und Salat, und ich trinke Tee.

1b Finde die passenden Bilder für jede Person.

1c 👥 Ratespiel. **A** fragt: „Was isst und trinkst du?" **B** wählt ein Essen (Frühstück, Mittagessen oder Abendessen) und antwortet; **A** rät das Essen. Dann ist **B** dran.

Beispiel:
A *Was isst du?*
B *Ich esse Brötchen mit Wurst und Salat.*
A *Was trinkst du?*
B *Ich trinke Tee.*
A *Du isst Abendessen.*
B *Richtig!*

E F ▶

2a 🔊 Was essen Jasmin, Annika und Sven – Frühstück, Mittagessen oder Abendessen? Hör gut zu und schreib *F*, *M* oder *A*.

G ▶

2b 🔊 Ist alles richtig? Hör gut zu.

Hilfe

Was isst du	zum Frühstück?
Was trinkst du	zum Mittagessen?
	zum Abendessen?

Ich esse normalerweise/meistens …

Zum Frühstück	esse ich	Cornflakes/Müsli/Brötchen mit Marmelade/Honig.
Zum Mittagessen		Hähnchen mit Reis/Salat.
Zum Abendessen		Brot mit Butter/Käse/Wurst.

Ich trinke		Milch/Orangensaft.
Zum Frühstück/Mittagessen/Abendessen trinke ich		Kaffee/Tee/Kakao/Wasser.

3 Was isst du zum Frühstück, Mittagessen und Abendessen? Frag deinen Partner/deine Partnerin.

> **Beispiel:** A Was isst du zum Frühstück?
> B Ich esse Brot mit Honig.

H ▶

4a Hör gut zu und lies mit. Was ist Abendessen in Deutschland und was ist Abendessen in Großbritannien?

> Ich esse ein Brötchen mit Butter, Wurst und Käse, und Brot mit Honig. Ich trinke Kaffee.

a

> Ich esse Fisch mit Kartoffeln, Käse und Salat. Ich trinke Orangensaft.

b

4b Du bist dran! Was isst und trinkst du zum Abendessen? Schreib Sätze.

Gut gesagt! Kurzes ‚o' und langes ‚o'

5a Kurzes ‚o': Hör gut zu und wiederhole.

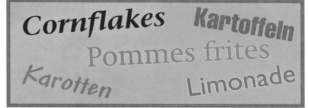

Cornflakes **Kartoffeln** Pommes frites *Karotten* Limonade

5b Langes ‚o': Hör gut zu und wiederhole.

Brot **Honig** Cola Obst Jogurt

5c Langes oder kurzes ‚o'?

Oma **Osten** Onkel Sofa groß

5d Ist alles richtig? Hör gut zu.

Ich esse kein Fleisch!

You will learn how to …

✓ say what you like and don't like to eat and drink: *Ich esse gern Pommes frites. Ich trinke nicht gern Kaffee.*

✓ say what you don't eat and drink: *Ich esse kein Fleisch. Ich trinke keine Milch.*

✓ ask others what they like to eat and drink: *Was isst du gern? Was trinkst du gern?*

1 Hör gut zu und lies mit.

Atalay, Sven, Annika und Jasmin sind in der Imbissbude.

Was isst du gern? Ich esse gern Pommes frites!

Ich auch! Und ich esse gern Currywurst.

Ich esse kein Fleisch. Aber Gemüseburger esse ich sehr gern.

Ich trinke keine Milch. Aber ich trinke gern Orangensaft.

Hilfe

Was isst du gern?			**Ich esse**	keinen Fisch.
Was trinkst du gern?				keine Wurst.
				kein Gemüse/Obst/Fleisch.
Ich esse (nicht) gern	**Fisch/Fleisch/Wurst.**			**keine Pommes frites.**
	Gemüse/Obst.			
	Pommes frites.		**Ich trinke**	keinen Kaffee/Tee.
Ich trinke (nicht) gern	**Kaffee/Milch/Wasser.**			keine Milch.
				kein Wasser.

J K

Grammatik
im Fokus

Ich esse gern/nicht gern ...

2a Wie heißt das auf Englisch?

   1 Ich esse Pizza.

   2 Ich esse gern Pizza.

   3 Ich esse nicht gern Pizza.

2b Schreib das Gegenteil.

   1 Ich esse gern Fisch.

   2 Ich esse nicht gern Wurst.

   3 Ich trinke nicht gern Milch.

   4 Ich trinke gern Kaffee.

2c 👥 Was isst und trinkst du gern/nicht gern? Frag deinen Partner/deine Partnerin.

   Beispiel: *A Was isst du gern?*

              B Ich esse gern Fisch.

L M ▶

Ich esse Keinen/Keine/Kein ...

m.	Ich esse keinen Fisch.
f.	Ich esse keine Wurst.
n.	Ich esse kein Brot.
pl.	Ich esse keine Cornflakes.

3a Wie heißt das auf Englisch?

   1 Ich esse kein Fleisch.

   2 Ich esse nicht gern Fleisch.

3b Schreib Sätze auf Deutsch.

   1 I don't drink coffee.

   2 I don't like fruit.

   3 I don't eat meat.

   4 I don't like cola.

3c Schreib Sätze.

   Beispiel: *a Ich esse keinen Käse.*

N ▶

4 👥 Schaut die Bilder an und macht Dialoge.

   Beispiel: *A Trinkst du Milch?*

              B Nein, ich trinke keine Milch.

Extra! Du bist dran! Was isst und trinkst du gern? Was isst und trinkst du nicht? Schreib zwei Listen.

147 ▶

Koch mit!

You will learn how to …

✓ talk about your favourite food: *Mein Lieblingsessen ist Pizza.*

✓ describe your favourite recipes: *Ich mache Pizza. Man braucht Tomaten, Schinken und Zwiebeln.*

1 🔊 Annika hat Geburtstag. Jasmin, Sven und Atalay kochen. Hör gut zu und lies mit.

Also, was kochen wir? Ich esse gern Fleisch!

Aber Annika isst kein Fleisch! Was ist dein Lieblingsessen, Annika?

Mein Lieblingsessen ist Pizza! Pizza mit Thunfisch!

Wir machen Pizza! Man braucht Tomaten … Zwiebeln … Pilze … Paprika … Thunfisch … Käse.

Tomaten, Zwiebeln, Pilze und Paprika in Scheiben schneiden.

Gemüse und Thunfisch auf die Pizza geben.

Käse darüber geben. 25 Minuten im Ofen (200 Grad) backen.

Fertig!

O ▶

2a Du bist dran! Zeichne eine Pizza. Was kommt auf die Pizza? Schreib die Wörter auf.

2b 👥 **A** beschreibt **B** seine/ihre Pizza. Dann ist **B** dran.

Beispiel: *Ich mache eine Pizza mit Tomaten, Schinken, Wurst und Käse.*

Hilfe

Ich mache Pizza mit …
Mein Lieblingsessen ist Pizza mit …
   … Schinken/Thunfisch/Wurst.
   … Käse/Pilzen/Zwiebeln.
Man braucht …
   … Ei/Paprika/Pilze/Spinat/Tomaten.

P ▶

3a Sven macht sein Lieblingsessen – Reissalat. Hör gut zu und lies mit.

Reissalat

1 Man braucht:

Reis	Schinken
1 Apfel	Käse
1 Zwiebel	Jogurt
1 Paprika	Majonäse

2 Reis kochen (20 Minuten).

3 Apfel, Zwiebel, Paprika, Wurst und Käse klein schneiden.

4 Alles in eine Schüssel geben.

5 Jogurt und Majonäse in die Schüssel geben.
Alles vermischen. Fertig!

3b Zeichne ein Rezept für weitere Salate – z. B. mit Nudeln oder Kartoffeln. Was brauchst du? Schreib die Wörter auf.

3c 👥 Was braucht man für deinen Salat? **A** fragt, **B** antwortet. Dann ist **B** dran.

> *Beispiel:* **A** *Was machst du?*
> **B** *Ich mache Nudelsalat.*
> **A** *Was braucht man?*
> **B** *Man braucht Nudeln, eine Zwiebel, …*

Q▸

Extra! Schreib ein Rezept für dein Lieblingsessen.

4a Klasse 6C aus Wesel macht eine Umfrage: ‚Was ist dein Lieblingsessen?' Lies die Resultate.

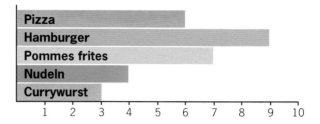

4b Mach eine Umfrage zum Thema ‚Lieblingsessen'. Schreib die Resultate auf (z. B. mit dem Computer).

R▸

Gut gesagt! Kurzes ‚u' und langes ‚u'

5a 🔊 Kurzes ‚u': Hör gut zu und wiederhole.

> Butter Mutter
> Hunger Kunst

5b 🔊 Langes ‚u': Hör gut zu und wiederhole.

> Nudeln gut
> Ruhe Bruder

5c Langes oder kurzes ‚u'?

> Nummer Computer
> Bungalow Stuhl um
> Wohnung Kuli

5d 🔊 Ist alles richtig? Hör gut zu.

Maxis Monster-Sandwich

1 🎞 Hör gut zu und lies mit.

2 Du bist dran! Zeichne ein ‚Monster-Sandwich'! Schreib die Wörter auf.

3 👥 Gedächtnisspiel. Beschreibt ein ‚Monster-Sandwich'.

Beispiel: **A** *Man braucht Brot.*
B *Man braucht Brot mit Käse.*
C *Man braucht Brot mit Käse und Honig.*

Kannst du … ?

✓ fragen und sagen:	*Was isst du? Was trinkst du? Ich esse Brot mit Honig. Ich trinke Orangensaft.*
✓ fragen:	*Was isst du zum Frühstück/Mittagessen/Abendessen? Was isst/trinkst du gern?*
✓ Essen und Trinken beschreiben:	*Zum Frühstück esse ich ein Ei. Zum Mittagessen esse ich Fisch mit Kartoffeln. Zum Abendessen trinke ich Tee.*
✓ dein Lieblingsessen beschreiben:	*Mein Lieblingsessen ist Pizza. Man braucht Tomaten, Zwiebeln und Thunfisch.*

Und Grammatik im Fokus … ?

✓ gern/nicht gern	*Ich esse gern Pommes frites. Ich trinke nicht gern Kaffee.*
✓ kein/keine/kein	*Ich esse keinen Käse/keine Pizza/kein Fleisch.*

Mein Super-Mittagessen-Plan

Was isst und trinkst du sehr gern?
Mach einen ‚Super-Mittagessen-Plan'!

1 Zeichne Bilder oder finde Fotos in Zeitungen, Zeitschriften usw.

2 Schreib die Wörter auf. Wie heißt … auf Deutsch? Schau die Wörter im Wörterbuch nach. (Sieh auch Seite 63.)

Ich esse gern …

Cheeseburger mit Pommes frites

Pizza mit Schinken und Pilzen

Hähnchen mit Pommes frites

Schokolade

Eis

Ich trinke gern …

Tee

Cola

3 Finde 📻. Nimm deinen Super-Mittagessen-Plan auf.

4 Die Klasse hört zu. Welcher Mittagessen-Plan ist super? Macht eine Umfrage.

Die Nummer eins ist … Sarah!

Andrew	ШŐ I
Sarah	ШŐ IIII
David	IIII
Michael	IIII II

Klasse! - Magazin

Was essen sie?

Nurcan (15)
Ich bin Türkin. Zu Hause gibt es Essen aus der Türkei. Meine Familie, das ist mein Vater, mein Bruder und ich. Mein Vater macht immer Mittagessen und mein Bruder und ich machen Abendessen. Am Samstag und Sonntag gibt es Essen aus der Imbissbude: Pizza, Hähnchen — und Pommes.

Martin (16)
Ich mache mittags mein Mittagessen. Ich esse nicht gern Fleisch, aber ich esse gern Gemüse und Käse. Mittags esse ich meistens Nudeln oder Spiegeleier — das geht schnell! Abends essen meine Mutter und ich Brot und Brötchen mit Käse oder Honig, und wir trinken Tee.

1 Lies die Supermarktsbroschüre. Was isst du gern? Schreib Sätze.

Wie viel Geld hast du?

Was kostet das?

You will learn how to ...

✓ say how much German money you've got: *Ich habe fünf Euro zwanzig.*

✓ ask others how much money they've got: *Wie viel Geld hast du?*

1a 🔊 Hör gut zu und lies mit.

1b Finde die passenden Bilder für Jasmin, Sven, Annika und Atalay.

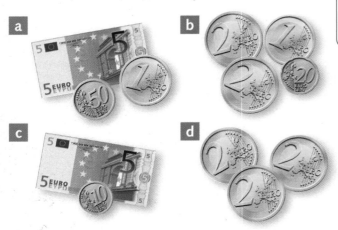

Jasmin, Sven, Annika und Atalay machen ein Picknick. Sie kaufen ein.

Also, wie viel Geld haben wir? Ich habe fünf Euro zehn Cent. Wie viel Geld hast du, Sven?

Fünf Euro zwanzig.

Ich habe sechs Euro. Und du, Atalay?

Sechs Euro fünfzig.

1c Wie viel Geld haben sie zusammen? Finde das passende Bild.

a   b   c

2 👥 Wie viel Geld hast du? Jeder schreibt drei Zahlen-Zettel (z. B. 10 Euro 40) und jeder nimmt einen Zettel.

Beispiel:
A *Wie viel Geld hast du?*
B *Ich habe zehn Euro vierzig.*

1d 🔊 Ist alles richtig? Hör gut zu.

Tipp ▫ Tipp ▫ Tipp

Geld in Europa

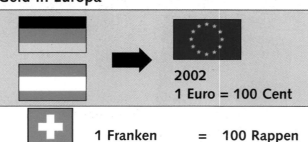

2002
1 Euro = 100 Cent

1 Franken   =   100 Rappen

Wie schreibt man das in Euro?
Lies die Sätze.

☐ Ich habe einen **Euro**.

☐ Ich habe zwei **Euro**.

☐ Ich habe zwei **Euro** fünfzig.

☐ Ich habe zwei **Euro** und fünfzig **Cent**.

Was kostet der Käse?

You will learn how to ...

✓ ask how much something costs: *Was kostet das? Was kosten zwei Dosen Cola?*

✓ say how much something costs: *Drei Euro. Vier Becher Jogurt kosten zwei Euro siebzig.*

1a Hör gut zu.

1b Lies den Kassenzettel. Was kostet was? Hör noch einmal gut zu und schreib die Preise auf.

> 6 DOSEN COLA
> 2 FLASCHEN LIMONADE
> EINE PACKUNG KEKSE
> EINE TÜTE CHIPS
> KARTOFFELSALAT
> 4 BECHER JOGURT

c ▶

Jasmin, Sven, Annika und Atalay sind im Supermarkt.

Hilfe

Was kostet das?

Was kostet	eine Packung Kekse?
	eine Tüte Chips?
	eine Dose Cola?
	eine Flasche Limonade?
Was kosten	zwei Packungen Kekse?
	zwei Tüten Chips?
	sechs Dosen Cola?
	zwei Flaschen Limonade?

Eine Tüte Chips kostet sechzig Cent.

Sechs Dosen Cola kosten zwei Euro dreißig.

2 Schreib weitere Kassenzettel.

Beispiel:

> 1 Flasche Limonade   €0,95
> Kartoffelsalat   €3,80

3a Hör gut zu und finde die passenden Preise für die Bilder.

*Beispiel: **a** = 3,30*

3b 👥 Du bist im Supermarkt. Du fragst deinen Partner/deine Partnerin: „Was kostet ... ?"

Beispiel: **A** *Was kostet Käse?*
          B *Käse kostet drei Euro dreißig.*

D ▶

Ich möchte ...

You will learn how to ...

✓ say where you can buy various items: *Brot kauft man in der Bäckerei.*

✓ count up to 1000

✓ say what you want to buy: *Ich möchte ein Brot, bitte.*

✓ say how much you want of something: *250 Gramm Schinken, bitte.*
    Ich möchte ein Pfund Orangen, bitte.

1 a 🔊 Wo kauft man was? Hör gut zu und finde die passenden Bilder.

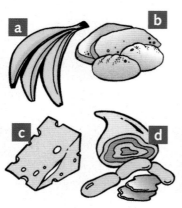

1 *im Lebensmittelgeschäft*

2 *in der Bäckerei*

3 *in der Metzgerei*

4 *im Gemüseladen*

1 b 👥 Herr Hilflos geht einkaufen. Wo kauft man was? **A** ist Herr Hilflos, **B** antwortet.

Beispiel: **A** *Wo kauft man Brot?*
                 B *Brot kauft man in der Bäckerei.*

2 a Was kauft man wo? Finde weitere Wörter und schreib vier Listen.

Beispiel:
im Gemüseladen:
Tomaten, Bananen, Zwiebeln ...

2 b Was kauft man wo? Schreib Sätze.

Beispiel:
Tomaten kauft man im Gemüseladen.
Milch kauft man im Lebensmittelgeschäft.

Hilfe

Wo kauft man ... ?

Brot	kauft man	in der Bäckerei.
Wurst		in der Metzgerei.
Bananen		im Gemüseladen.
Käse		im Lebensmittelgeschäft.

3 Füll die Lücken aus.

100	hundert
200	zweihundert
250	zweihundertfünfzig
300	dreihundert
400	vierhundert
465	vierhundertfünfundsechzig
500	_____
600	_____
700	_____
800	_____
900	_____
1000	tausend

F

4 Finde die passenden Zahlen.

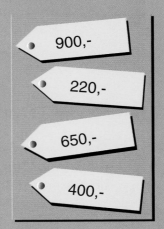

vierhundert

sechshundertfünfzig

neunhundert

zweihundertzwanzig

900,-
220,-
650,-
400,-

5 🔊 Hör gut zu und lies mit.

G

Verkäuferin:	Guten Morgen! Was darf es sein?
Jasmin:	Ich möchte ein Pfund Käse, bitte. Und ich möchte 250 Gramm Schinken, bitte. Ich möchte auch ein Pfund Orangen. Und ein Kilo Kartoffelsalat.
Verkäuferin:	Hier, bitte.
Jasmin:	Und eine Packung Kekse, bitte.
Verkäuferin:	Bitte sehr. Sonst noch etwas?
Jasmin:	Nein danke, das ist alles.

6a 🔊 Wie viel kaufen sie?
Hör gut zu schreib die Zahlen auf.

6b 👥 Wählt ein Geschäft und macht weitere Einkaufs-Dialoge.

Beispiel: In der Bäckerei:
A Was darf es sein?
B Ich möchte sechs Brötchen, bitte.

H I

Hilfe

Was darf es sein?
250 Gramm Schinken/Käse, bitte.
Ich möchte ein Kilo/ein halbes Kilo/
  ein Pfund/500 Gramm Orangen, bitte.
Sonst noch etwas?
Nein danke. Das ist alles.

Gut gesagt! ‚pf'

7 🔊 Hör gut zu und wiederhole.

Zwei Pfund Pfirsiche, ein Pfund Pflaumen – und Pfefferkuchen für mein Pferd!

Ich nehme ein Eis!

You will learn how to ...

✓ ask what others want to eat or buy: *Was nimmst du?*

✓ say what you want to eat or buy: *Ich nehme ein Schokoladeneis.*

✓ buy an ice cream: *Ein Zitroneneis mit Sahne, bitte.*

1a 〔⊙♂〕 Hör gut zu und lies mit.

1b 〔⊙♂〕 Was nehmen Atalay, Sven und Jasmin? Hör gut zu und finde die passenden Bilder.

Sven, Annika, Atalay und Jasmin sind in der Eisdiele.

Ich möchte ein Eis. Was nimmst du, Annika?

Ich nehme ein Schokoladeneis.

2a Zeichne eine Karte für eine Eisdiele – mit Preisen.

2b 👥 Dein Partner/deine Partnerin liest deine Karte. Was nimmt er/sie? Macht Dialoge.

Beispiel:
A Was nimmst du?
B Ich nehme ein Erdbeereis.
A Mit Sahne?
B Nein, ohne Sahne.

Hilfe

Was nimmst du?

Ich nehme	ein Vanilleeis.
	ein Schokoladeneis.
	ein Erdbeereis.

Mit Sahne.
Ohne Sahne.
Ein Zitroneneis mit Sahne, bitte.

Extra! 👥 Gedächtnisspiel.

Beispiel:
A Ich nehme ein Vanilleeis.
B Ich nehme ein Vanilleeis und ein Erdbeereis.
C Ich nehme ein Vanilleeis, ein Erdbeereis und ein Zitroneneis.

Wir kaufen Souvenirs

You will learn how to ...
✓ ask others what they're going to buy: *Was kaufst du?*
✓ say what you're going to buy: *Ich kaufe ein Stofftier.*

1 📷 Sven und Jasmin kaufen Souvenirs. Was kauft Sven und was kauft Jasmin? Hör gut zu und finde die passenden Bilder.

L | M ▶

2 👥 Was kaufst du? **A** fragt, **B** antwortet. Dann ist **B** dran.

Beispiel:
A *Was kaufst du?*
B *Ich kaufe ein T-Shirt.*
B *Was kostet das?*
A *Das kostet 10 Euro 50.*

Extra! 👥 Macht jetzt Einkaufs-Dialoge. A fragt, B antwortet. Dann ist B dran.

Hilfe

Ich kaufe	einen Kuli/einen Rucksack.
Ich nehme	eine Postkarte/eine Mütze/ eine Tafel Schokolade.
Ich möchte	ein T-Shirt/ein Poster/ ein Stofftier.

Grammatik im Fokus

Ich kaufe/möchte/nehme ...

3a Wie heißt das auf Englisch?
ich kaufe = ?
ich möchte = ?
ich nehme = ?

m. **ein** Kuli	➡	Ich kaufe **einen** Kuli. (ein + en)
f. **eine** Mütze	➡	Ich möchte **eine** Mütze.
n. **ein** Stofftier	➡	Ich nehme **ein** Stofftier.

3b Schreib Sätze mit den Bildern.

Ich möchte

Ich nehme

Ich kaufe

137 ▶

N ▶

Im Kaufhaus

1a 🔊 Hör gut zu und lies mit.

Jasmin, Sven, Annika und Atalay sind im Kaufhaus.

Im dritten Stock
Computer
Fernseher

Im zweiten Stock
CDs
Schmuck

Im ersten Stock
Junge Mode
Sportartikel

Im Erdgeschoss
Bücher
Schreibwaren
Zeitschriften

1b 👥 Wo findest du … ? Schau die Bilder und den Kaufhausplan (Übung la) an.

Beispiel: *a im dritten Stock.*

2 👥 Herr Hilflos ist im Kaufhaus. Er fragt: „Wo finde ich … ?" **A** ist Herr Hilflos, **B** antwortet. Dann ist **B** dran.

Beispiel: *A Wo finde ich Sportartikel?*
B Im ersten Stock.

3 Zeichne ein Kaufhaus und schreib die Wörter auf.

Extra! Beschreib dein Kaufhaus. Was gibt es dort – und wo?

1c 🔊 Ist alles richtig? Hör gut zu.

Junge Mode

You will learn how to ...

✓ ask how much clothes cost: *Was kostet die Bluse? Was kostet die Jeans?*

✓ say how much clothes cost: *Der Pullover kostet 30 Euro 50. Die Schuhe kosten 50 Euro.*

T-Shirt | Jacke | Bluse | Pullover | Hemd | Rock | Jeans | Hose | Schuhe

a	6,90
b	19,90
c	22,95
d	29,00
e	29,50
f	34,95
g	39,00
h	49,00
i	69,00

1a 📼 Was kostet das? Hör gut zu und finde die passenden Bilder und Preise.

1b 👥 Was kostet … ? **A** fragt, **B** antwortet.

> *Beispiel:* **A** *Was kostet das Hemd?*
> **B** *Es kostet 22 Euro 95.*

P Q ▶

2a Mach eine Junge Mode-Broschüre. Schreib die Preise auf einen Zettel.

2b 👥 Dein Partner/deine Partnerin liest deine Broschüre. Du liest deinen Preiszettel. Macht dann Einkaufs-Dialoge.

> *Beispiel:* **A** *Was kostet die Jeans?*
> **B** *39 Euro.*
> **A** *Das ist teuer! Was kostet …*

Tipp ▫ Tipp ▫ Tipp

Hören

☐ Lies zuerst die Fragen.

☐ Hör gut zu.

☐ Hör noch einmal gut zu und mach Notizen.

☐ Du verstehst nicht alles? Schau die Bilder und die Fragen noch einmal an.

Hilfe

Was kostet	der Pullover/der Rock?
	die Bluse/die Hose/ die Jacke/die Jeans?
	das T-Shirt/das Hemd?
Was kosten	die Schuhe?

Er/sie/es kostet …	
Sie kosten …	
Er/sie/es ist	billig.
	teuer.

Das Einkaufs-Spiel

Spiel mit  und .

Bist du bei Nummer 3, 7, 10, 13, 15, 19?

Beantworte die Fragen:

☐ Wo bist du?

☐ Was möchtest/kaufst/nimmst du?

☐ Was kostet das?

Ist deine Antwort falsch?
Du gehst zwei Felder zurück.

Ist deine Antwort richtig?
Du bleibst auf dem Feld.

Bist du am ZIEL?
Herzlichen Glückwunsch – du bist Sieger!

Kannst du … ?

✓ fragen und sagen: *Wie viel Geld hast du? Ich habe acht Mark fünfzig.*

✓ Preise fragen und sagen: *Was kostet das? Was kosten zwei Dosen Cola? Drei Euro. Vier Becher Jogurt kosten zwei Euro sechzig.*

✓ einkaufen: *Ich möchte ein Brot, bitte. 250 Gramm Schinken, bitte. Ich möchte ein Pfund Orangen, bitte.*

✓ sagen: *Brot kauft man in der Bäckerei.*

✓ Eis kaufen: *Ich nehme ein Schokoladeneis mit Sahne, bitte.*

✓ Souvenirs kaufen: *Ich kaufe ein T-Shirt. Was kaufst du?*

✓ im Kaufhaus fragen und sagen: *Wo finde ich CDs? Im Erdgeschoss. Schmuck findest du im zweiten Stock.*

✓ fragen und sagen: *Was kostet die Bluse? Die Schuhe kosten 50 Euro.*

Und Grammatik im Fokus … ?

✓ bis 1000 zählen: *einhunderteins, zweihundertzweiundzwanzig …*

✓ Ich kaufe/möchte/nehme … *Ich kaufe einen Kuli. Ich möchte eine Mütze. Ich nehme ein Stofftier.*

Eine Einkaufs-Broschüre

1 Zeichnet eine Einkaufsstraße. Welche Geschäfte gibt es? Wie heißen sie? Zeichnet die Geschäfte und schreibt die Namen auf.

2 Wählt ein Geschäft und macht eine Broschüre. Findet Fotos in Zeitungen, Zeitschriften usw. oder zeichnet alles. Schreibt die Wörter und Preise auf.

Im Gemüseladen

Pilze
500 Gramm
€0,99

Kartoffeln
1 Kilo €1,50

Zwiebeln
1 Pfund €0,49

3 Schreibt eine Zeitungsanzeige für das Geschäft.

BILLIG - BILLIG - BILLIG!
Im Supermarkt ...

Sechs Dosen Cola kosten einen Euro dreißig!

Ein Kilo Orangen kostet zwei Euro fünfzig!

4 Findet ![radio]. Macht einen Werbespot für das Radio.

Klasse! - Magazin

Eis aus Italien!

Luigi Martinelli kommt aus Italien. Familie Martinelli wohnt in Deutschland, in Wesel. Luigi Martinelli hat eine Eisdiele in der Stadt – das *Eiscafé Venezia*. „Wir haben 20 Eissorten", sagt Luigi. Was ist Luigis Lieblingseis? „Mein Lieblingseis ist Straciatella. Das ist Vanilleeis mit Schokolade – lecker!" Und was mag er nicht? „Ich esse nicht gern Erdbeereis. Aber meine Frau Sofia isst sehr gern Erdbeereis!"

1 Was gibt es im Eiscafé Venezia? Lies die Karte und finde die passenden Bilder.

2 Was essen sie? Lies die Sätze und finde die passenden Bilder.

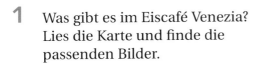

1 Ich esse sehr gern Obst!

2 Kaffee ist lecker!

3 Mein Lieblingsessen ist Schokolade!

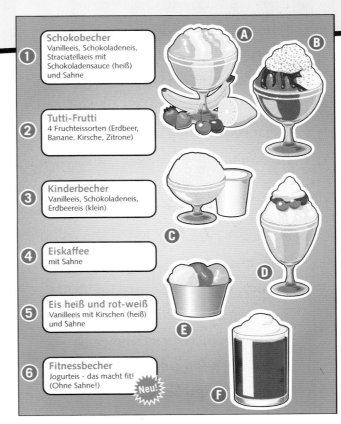

① **Schokobecher**
Vanilleeis, Schokoladeneis, Straciatellaeis mit Schokoladensauce (heiß) und Sahne

② **Tutti-Frutti**
4 Fruchteissorten (Erdbeer, Banane, Kirsche, Zitrone)

③ **Kinderbecher**
Vanilleeis, Schokoladeneis, Erdbeereis (klein)

④ **Eiskaffee**
mit Sahne

⑤ **Eis heiß und rot-weiß**
Vanilleeis mit Kirschen (heiß) und Sahne

⑥ **Fitnessbecher**
Jogurteis - das macht fit! (Ohne Sahne!)
Neu!

Wiederholung

1 🔊 Hör gut zu. Was sagen sie? Kopiere den Steckbrief zweimal und füll die Lücken aus.

Name: _____

Stadt: _____

Adresse: _____

Haus/Wohnung usw.: _____

Wo? (in der Stadt usw.): _____

Garten?: _____

eigenes Zimmer?: _____

2a Lies Astrids E-Mail.

Nachricht

Ich heiße Astrid und ich wohne in Frankfurt. Meine Adresse ist Glockengasse 39. Ich wohne in einem Einfamilienhaus am Stadtrand. Das Haus ist ziemlich klein, aber sehr modern, und es hat einen Garten und eine Garage. Das Wohnzimmer, die Küche und das Esszimmer sind im Erdgeschoss. Mein Zimmer ist im ersten Stock. Ich habe mein eigenes Zimmer. Es ist sehr schön und groß. In meinem Zimmer gibt es ein Bett, ein Sofa, eine Lampe, einen Computer und einen Schreibtisch. Der Schreibtisch ist schwarz. In meinem Zimmer gibt es auch einen Kleiderschrank– er ist rot. Und es gibt auch viele Poster!

2b Beantworte die Fragen. Schreib die Antworten auf.

1 Wo wohnt Astrid?

2 Wie ist die Adresse?

3 Wie ist das Haus?

4 Was ist im Erdgeschoss?

5 Wo ist Astrids Zimmer?

6 Wie ist das Zimmer?

7 Was gibt es in dem Zimmer?

2c 👥 Stell jetzt deinem Partner/deiner Partnerin die Fragen von 2b.

Beispiel: **A** *Wo wohnst du?*
              B *Ich wohne in Durham.*

2d Du bist dran! Schreib einen Steckbrief für deinen Partner/deine Partnerin.

Extra! Mach eine Kassette über deinen Partner/deine Partnerin.

3a 🔊 Was isst und trinkt Familie Meyer (Katrin, Olaf, Herr und Frau Meyer) zum Frühstück? Hör gut zu und finde die passenden Bilder.

Beispiel: *Katrin: i, h, …*

3 b Was isst und trinkst du zum Frühstück? Zeichne dein Frühstück und schreib die Wörter auf.

Extra! Schreib einen ‚Frühstücks-Plan‘ für dich.

Beispiel: *Montag: Ich esse Brot mit Käse und Wurst.*

4 a Jans Klasse macht ein Picknick. Er macht sein Lieblingsessen – ‚Sommer-Traum‘. Kopiere das Rezept. Finde die passenden Wörter und füll die Lücken aus.

Sommer-Traum

1 _____ Kekse

1 _____ Obst
(z. B. Erdbeeren, Himbeeren, Kirschen)

4 _____ Vanillejogurt

100 _____ Zucker

1 _____ Schokolade

Gramm
Packung
Becher
Kilo
Tafel

4 b 📼 Ist alles richtig? Hör gut zu.

4 c 📼 Was kostet alles? Hör noch einmal gut zu und finde die passenden Preise.

€ 2,99   € 0,39

€ 0,69

€ 1,15   € 1,80

4 d Hier ist das Rezept. Finde die passenden Sätze für die Bilder.

a Jogurt und Zucker mischen und in die Schüssel geben.

b Obst dazugeben.

c Schokolade klein schneiden und darüber geben. Fertig!

d Kekse klein schneiden und in eine Schüssel geben.

5 a Lies den Einkaufs-Dialog und finde die richtige Reihenfolge.

Beispiel: *c, g …*

Verkäuferin:

a Sonst noch etwas?

b Käse aus der Schweiz oder aus Deutschland?

c Guten Tag, was darf es sein?

d 8 Euro 19, bitte.

e Hier, bitte.

Atalay:

f Käse aus der Schweiz, bitte.

g Tag! Ich möchte ein Pfund Schinken, bitte.

h Bitte sehr.
Auf Wiedersehen!

i Danke. Was kostet das?

j Ja, 250 Gramm Käse.

5 b 📼 Ist alles richtig? Hör gut zu.

Meine Interessen

You will learn how to …

✓ say what your hobbies are: *Ich lese. Ich höre Musik.*

✓ ask others what their hobbies are: *Was ist dein Hobby? Was sind deine Hobbys?*

1 🔊 Hör gut zu und lies mit.

2 a 🔊 Hör gut zu und finde die passenden Bilder.

2 b Hobby-Spiel. Findet 🎲 🎲 . Welche Nummer hast du? Das ist dein Hobby!

Beispiel: **A** *Was ist dein Hobby?*
B *Nummer sieben – ich höre Musik!*

A B ▸

3a Lies Ralfs E-Mail.

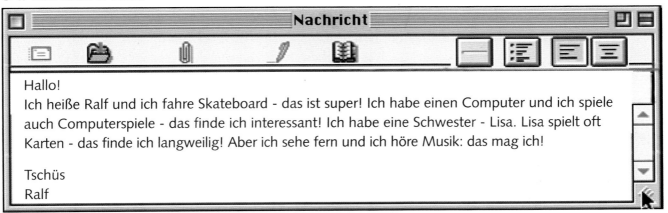

Nachricht

Hallo!
Ich heiße Ralf und ich fahre Skateboard - das ist super! Ich habe einen Computer und ich spiele auch Computerspiele - das finde ich interessant! Ich habe eine Schwester - Lisa. Lisa spielt oft Karten - das finde ich langweilig! Aber ich sehe fern und ich höre Musik: das mag ich!

Tschüs
Ralf

C D ▶

3b Was findest du super, interessant usw. und was findest du langweilig, doof usw.? Schreib eine E-Mail an Ralf.

Beispiel: Ich mache Sport. Das ist super.

Extra! Mach jetzt eine Kassette über deine Hobbys.

4 👥 Hier sind Tom und seine Freunde. Ratespiel: Wer ist das? **A** fragt, **B** antwortet.

Beispiel: **A** *Was ist dein Hobby?*
B *Ich mache Sport.*
A *Du bist Kai!*
B *Richtig!*

Tom
Isa
Lin
Kai
Kwame

Extra! Beschreib Tom und seine Freunde. Schreib Sätze.

Beispiel: Kai macht viel Sport.
Er ist sehr sportlich.

Grammatik im Fokus *ich bin, du bist...*

5 Füll die Lücken aus.

auf Deutsch:	auf Englisch:
Ich _____ sportlich.	I am sporty.
Du bist musikalisch.	You _____ musical.
Er/sie/es _____ groß.	He/she/it is big.
Wir sind musikalisch.	We _____ musical.
Sie/sie sind sportlich.	You/they_____ sporty.

6 Kopiere den Text und füll die Lücken aus.

Ich b _____ 13 Jahre alt.

Meine Hobbys s _____ Sport und

Computerspiele. Ich habe eine

Schwester - Susi. Susis Hobby

i _____ Musik.

Wir s _____ sehr musikalisch.

B _____ du musikalisch?

144 ▶

E ▶

Mein Hobby ist Sport!

You will learn how to ...

✓ say what sports you do: *Ich spiele Fußball. Ich turne.*
✓ ask others what sports they do: *Machst du Sport? Treibst du Sport?*

Lukas
Atalay
Verena
Anne Maria
Annika
Jan Jasmin
Milena
Malte
Lutz Björn

1 🔊 Klasse 6C macht viel Sport. Wer macht was? Hör gut zu und finde die passenden Namen für die Bilder.

1 Ich spiele Basketball.

2 Ich spiele Fußball.

3 Ich spiele Golf.

4 Ich spiele Tennis.

5 Ich spiele Volleyball.

6 Ich fahre Rad.

7 Ich fahre Rollschuh.

8 Ich fahre Schlittschuh.

9 Ich fahre Ski.

10 Ich schwimme.

11 Ich segle.

12 Ich turne.

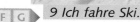
F G

2a 👥 Macht eine Klassenumfrage: ,Machst du Sport? Was machst du?'

2b 👥 Macht ein Klassenposter – schreibt die Resultate der Umfrage auf.

Beispiel:
Anne: Ich fahre Rad – das ist super. Ich spiele auch Tennis.

Hilfe

Machst/treibst du Sport?	
Ich	schwimme/segle/turne.
Ich spiele	Basketball/Fußball/Golf/ Tennis/Volleyball.
Ich fahre	Rad/Rollschuh/Schlittschuh/Ski.

Gut gesagt! ,sp' und ,sch'

3 🔊 Hör gut zu und wiederhole.

Schwimmen, Ski und Schlittschuh fahren: Sport ist spannend, Sport macht Spaß!

Lieblingshobbys

You will learn how to …

✓ say what you like and dislike doing: *Ich lese gern. Ich spiele nicht gern Fußball.*
✓ say what you like doing best: *Mein Lieblingshobby ist Sport. Ich spiele am liebsten Tennis.*
✓ ask others what they like and dislike doing: *Was machst du gern? Was machst du nicht gern?*

1 🔊 Hör gut zu und finde die passenden Bilder.

H ▶

2 🔊 Hör gut zu. Was machen Arne und Ute gern, nicht gern und am liebsten?

Beispiel: *Arne: gern: c, …*

I J K ▶

Hilfe

Was machst du gern/nicht gern?
Ich lese/schwimme gern/nicht gern.
Ich spiele gern/nicht gern Fußball.
Ich fahre gern/nicht gern Skateboard.
Was ist dein Lieblingshobby?
Mein Lieblingshobby ist Sport.
Ich spiele am liebsten Tennis.

3 👥 Du bist dran! Was ist dein Lieblingshobby? Macht Dialoge.

Grammatik
im Fokus Verben

Some German verbs change their vowel sounds as well as their endings in the *du* and *er/sie/es* forms.		lesen	sehen	fahren
	ich	lese	sehe	fahre
	du	liest	siehst	fährst
	er/sie/es	liest	sieht	fährt
		e ➡ ie		a ➡ ä

4 Finde die passenden Verbformen.

1 Jana, _____ du gern Rad?

2 Matthias _____ ein Buch.

3 Ich _____ nicht gern Skateboard.

4 Laura _____ am liebsten fern.

5 Ich _____ gern Bücher.

6 Wann _____ du fern?

 144 ▶

Fernsehen

You will learn how to …

✓ describe TV programmes: *Das ist eine Serie. Das ist eine Musiksendung.*

✓ ask others to describe TV programmes: *Was für eine Sendung ist das?*

1 🔊 Hör gut zu und lies mit.

Jasmin und Sven sehen fern.

> Ich sehe nicht oft fern. Was für eine Sendung ist das? Ein Dokumentarfilm?

> Super – sechs Uhr! Um sechs Uhr gibt es ,Verbotene Liebe'!

> Nein, ,Verbotene Liebe' ist eine Seifenoper. Die Seifenoper ist super!

2 a 🔊 Hör gut zu und finde die passenden Bilder.

2 b 👥 Herr Hilflos hat keinen Fernseher. Er fragt: „Was für eine Sendung ist das?" **A** ist Herr Hilflos, **B** antwortet. Dann ist **B** dran.

Beispiel:
A Nummer 7 – was für eine Sendung ist das?
B Das ist eine Seifenoper.

3 Schreib ein Fernsehprogramm.

Beispiel: *6.25 Uhr: Home and Away*
Seifenoper

Hilfe

Was für eine Sendung ist das?	
Das ist	ein Film/Dokumentarfilm/Trickfilm.
	eine Musiksendung/Talkshow/
	Seifenoper/Serie/Sportsendung.
Das sind	die Nachrichten.

1 8:30 Sportsendung
2 7:30 Musiksendung
3 8:00 Nachrichten
4 8:15 Talkshow
5 7:00 Trickfilm
6 9:15 Serie
7 6:30 Seifenoper
8 8:45 Dokumentarfilm

Ich sehe gern fern!

You will learn how to …

✓ say what TV programmes you like and dislike: *Ich sehe gern Serien. Ich finde Talkshows blöd.*

✓ ask others what TV programmes they like watching: *Siehst du gern Seifenopern? Wie findest du Trickfilme?*

---

1 🔊 Hör gut zu und finde die passenden Bilder für die Sätze.

1 Ich finde Dokumentarfilme spannend!

2 Was siehst du gern? Ich sehe gern Sportsendungen!

3 Ich finde Musiksendungen blöd.

4 *Herzblatt* ist meine Lieblingssendung!

5 Ich finde Trickfilme lustig! Wie findest du Trickfilme?

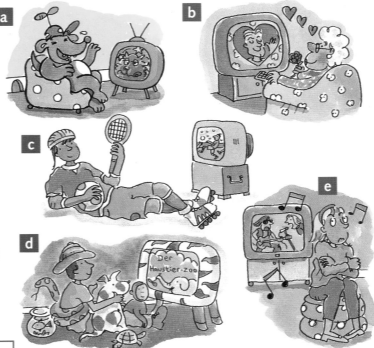

2 🔊 Hör gut zu. Annika, Jasmin, Atalay und Sven sehen fern. Wer sieht was gern/nicht gern? Mach Notizen.

M N ▶

Tipp ▫ Tipp ▫ Tipp

Ich … gern.

Ich lese *gern*.   Ich lese *nicht gern*.

Ich sehe *gern* fern.   Ich sehe *nicht gern* fern.

Hilfe

Wie findest du	Trickfilme?
Siehst du gern	Serien?
	Sportsendungen?

Ich finde …	lustig/spannend/interessant.
Das ist	blöd/doof/langweilig.

Ich sehe gern/nicht gern …

Was ist deine Lieblingssendung?

Meine Lieblingssendung ist …

Ich sehe am liebsten …

---

3 👥 Mach eine Umfrage. „Frag: Was ist deine Lieblingssendung?" Schreib die Resultate auf.

Beispiel: *The Bill: 7 Schüler*

Extra! Frag auch: „Wie findest du …? Siehst du gern …? Was für Sendungen siehst du am liebsten?" Schreib die Resultate auf (z. B. mit dem Computer).

Beispiel:

```
● 14 Schüler sagen:
● „Ich sehe gern Seifenopern."
● Aber 15 Schüler sagen:
● „Ich finde Seifenopern blöd."
● 10 Schüler sagen:
● „Ich sehe am liebsten
● Seifenopern."
```

O ▶

Wie oft machst du ... ?

1 🔊 Was macht Annika – und wie oft?
Hör gut zu und lies mit.

Ich sehe jeden Abend fern.

Ich spiele einmal pro Woche Tennis.

Ich spiele nachmittags Fußball.

Ich reite am Wochenende.

2 a Finde die passenden Bilder für die Wörter.

1 morgens/jeden Morgen
2 nachmittags/jeden Nachmittag
3 abends/jeden Abend
4 vor der Schule
5 nach der Schule
6 jeden Tag
7 am Wochenende
8 einmal pro Woche
9 zweimal pro Monat

2 b 🔊 Was machen Sven, Jasmin und Atalay?
Hör gut zu und finde die passenden Bilder.

Beispiel: Sven: g, ...

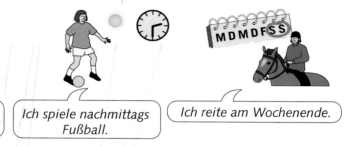

2 c 🔊 Wie oft machen sie das? Hör noch einmal zu und schreib die richtigen Zahlen von Übung 2a auf.

Beispiel: Sven: g – 7, ...

P

3 a Mach einen Fragebogen. Wähl ein Thema, z. B. Fernsehen oder Sport, und schreib Fragen.

Beispiel: Thema Sport:
Wie oft machst du Sport?
Was für Sport treibst du gern?

3 b 👥 Du fragst, dein Partner/deine Partnerin beantwortet deinen Fragebogen. Dann ist dein Partner/deine Partnerin dran.

Extra! Du bist dran! Was machst du gern – und wie oft? Schreib ein Tagebuch.

Was machst du wann?

You will learn how to …

✓ say when you do something: *Um 13 Uhr 25 mache ich Hausaufgaben.*

✓ ask others what they do and when: *Was machst du um 19 Uhr 15?*

1 🔊 Was macht Annika nach der Schule – und wann? Hör gut zu und schreib die Uhrzeit auf.

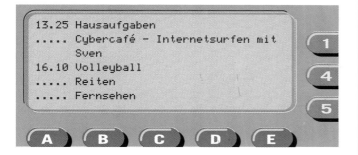

```
13.25 Hausaufgaben
..... Cybercafé - Internetsurfen mit
      Sven
16.10 Volleyball
..... Reiten
..... Fernsehen
```

A   B   C   D   E

2 🔊 Wie spät ist es? Hör gut zu und finde die passenden Bilder.

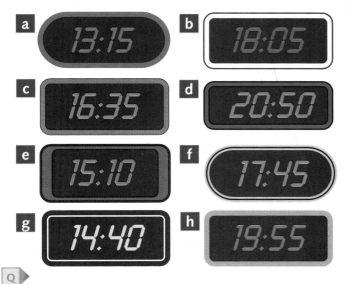

a **13:15**
b **18:05**
c **16:35**
d **20:50**
e **15:10**
f **17:45**
g **14:40**
h **19:55**

Q ▶

Hilfe

Wie spät ist es?
Was machst du um ... Uhr?

13:05	dreizehn Uhr fünf
16:20	sechzehn Uhr zwanzig
19:35	neunzehn Uhr fünfunddreißig
22:50	zweiundzwanzig Uhr fünfzig

Grammatik im Fokus Wortstellung

Ich **esse** Mittagessen. ➡	Um 13 Uhr **esse** ich Mittagessen.
Tom **spielt** Tennis. ➡	Um 16 Uhr **spielt** Tom Tennis.
Es **gibt** *Marienhof.* ➡	Um 18 Uhr **gibt** es *Marienhof.*

3 Schreib die Sätze richtig auf.

1 Julia / Hausaufgaben / Um 15 Uhr / macht /.

2 spiele / Um 17 Uhr / Volleyball / ich /.

3 Abendessen / ich / Um 18 Uhr 30 / esse.

4 Pause / Um 12 Uhr / wir / haben /.

5 Mittagessen / macht / Um 13 Uhr / mein Vater /.

6 fern / ich / Um 20 Uhr / sehe / .

4a Schreib einen Terminkalender wie Annika in Übung 1.

4b 👥 A sagt: „Es ist ... Uhr. Was machst du?"; B antwortet. Dann ist B dran.

Beispiel:

A *Es ist dreizehn Uhr fünfundzwanzig. Was machst du?*

B *Um dreizehn Uhr fünfundzwanzig esse ich Mittagessen.*

R ▶

148 ▶

Quiz

Bist du sportlich?

1 Was ist dein Lieblingshobby?
a Ich lese am liebsten.
b Mein Lieblingshobby ist Sport.
c Ich sehe am liebsten fern.

2 Wie findest du Sport?
a Sport ist super.
b Sport ist langweilig.
c Sport ist ziemlich gut.

3 Was siehst du am liebsten?
a Musiksendungen
b Dokumentarfilme
c Sportsendungen

4 Wie oft machst du Sport?
a einmal pro Monat
b jeden Tag
c einmal oder zweimal pro Woche

5 Wann machst du Sport?
a vor der Schule, nach der Schule und abends
b in der Schule
c nachmittags oder abends

6 Was machst du am liebsten?
a Ich fahre Rad.
b Ich schwimme.
c Ich fahre Snowboard.

Antworten:
1 a = 2; b = 3; c = 1
2 a = 3; b = 1; c = 2
3 a = 1; b = 2; c = 3
4 a = 1; b = 3; c = 2
5 a = 3; b = 1; c = 2
6 a = 1; b = 2; c = 3

6 – 9 Punkte: Du bist nicht sehr sportlich! Du machst nicht gern Sport – aber Sport ist gut!

10 – 13 Punkte: Du bist sportlich! Du hast aber auch andere Hobbys – du liest gern und du siehst gern fern.

14 – 18 Punkte: Sport ist dein Lieblingshobby! Du bist ein Sportfan – aber hast du auch andere Hobbys?

Kannst du …?

✓	deine Hobbys beschreiben:	*Ich lese. Ich höre Musik. Ich spiele Fußball. Ich turne.*
✓	fragen:	*Was ist dein Hobby? Was sind deine Hobbys?*
✓	sagen:	*Ich lese gern. Ich spiele nicht gern Fußball.* *Ich spiele am liebsten Tennis.*
✓	fragen:	*Was machst du gern? Was machst du nicht gern?*
✓	Fernsehen beschreiben:	*Das ist eine Serie. Das ist eine Musiksendung.*
✓	fragen:	*Was für eine Sendung ist das?*
✓	fragen und sagen:	*Wie findest du Trickfilme? Siehst du gern Seifenopern?* *Ich sehe gern Serien. Ich finde Talkshows blöd.*
✓	fragen und sagen:	*Wie oft machst du Sport? Ich lese jeden Abend.* *Ich spiele einmal pro Woche Tennis.*
✓	fragen und sagen:	*Was machst du um 19 Uhr 15?* *Um 13 Uhr 25 mache ich Hausaufgaben.*

Und Grammatik im Fokus …?

✓	*ich bin, du bist …*	*ich bin, du bist, er/sie/es ist, wir sind, sie/Sie sind*
✓	Verben	*ich lese, du siehst, er/sie/es fährt*
✓	Wortstellung	*Um 13 Uhr esse ich Mittagessen. Um 16 Uhr spielt Tom Tennis.*

Meine Lieblingsserie

Mach eine Programmbroschüre für deine Lieblingsserie oder Sendung – auf Deutsch.

1 Finde Fotos in Zeitschriften, Zeitungen usw.

2 Wie oft gibt es deine Lieblingssendung – und wann? Woher kommt deine Lieblingsserie? Schreib die Informationen auf.

> ### 19.30 EastEnders
> Eine Seifenoper aus London, Großbritannien.
>
> *Jeden Montag, Dienstag, Donnerstag und Sonntag.*

3 Wie findest du deine Lieblingsserie? Schreib Wörter oder Sätze.

Super! Toll! Interessant!!

EastEnders ist spannend und interessant!

Die Nummer eins in Großbritannien!

4 Wer ist dein Lieblingsstar? Mach einen Steckbrief für deinen Lieblingsstar und finde Fotos.

- ☐ Wie heißt er/sie?
- ☐ Wie alt ist er/sie?
- ☐ Woher kommt er/sie?
- ☐ Wie ist er/sie?
- ☐ Hat er/sie Familie?
- ☐ Was für Hobbys hat er/sie?

5 Finde ▭. Mach einen Fernseh-Werbespot für deine Lieblingsserie und deinen Lieblingsstar. Nimm die Informationen auf.

6 Die Klasse liest die Broschüren und hört zu. Wer ist die Nummer eins?

Klasse! - Magazin

MARIENHOF

Marienhof ist eine Seifenoper aus Köln. *Marienhof* gibt es jeden Abend um 18 Uhr 25. Die Seifenoper ist die Nummer eins bei Schülern/ Schülerinnen in Deutschland. Marisa (14) aus Stuttgart sagt: „*Marienhof* ist meine Lieblingssendung – *Marienhof* ist toll! Ich sehe jeden Tag *Marienhof*. Ich mag Tinka am liebsten. Sie ist super!"

Hier ist Tinkas Steckbrief:
Hallo! Ich heiße Tinka Kuczinski und ich bin 20 Jahre alt. Ich komme aus München und ich wohne in Köln. Meine Hobbys sind Lesen, Reiten und Musikhören. Aber mein Lieblingshobby? Computerspiele! Ich bin auch sehr sportlich: Ich spiele zweimal pro Woche Tennis und ich schwimme jeden Morgen.

Marienhof-Informationen gibt es hier:
Bavaria Film GmbH
Pressestelle Marienhof
Bavariafilmplatz 7
82031 Geiselgasteig
Deutschland

Willkommen in Wesel

Meine Stadt

You will learn how to …

✓ describe the public buildings in your town or village: *Das ist der Dom und das ist die Post.*

✓ describe what the town and buildings are like: *Das Sportzentrum ist modern.*
   Das ist ein schönes Rathaus.

1 a Hör gut zu und finde die passenden Hilfe-Wörter für die Bilder.

A

1 b Herr Hilflos ist in Wesel. Er fragt: „Was ist das?" **A** ist Herr Hilflos, **B** antwortet. Dann ist **B** dran

Beispiel: **A** *Nummer 3 – was ist das?*
   B *Das ist der Dom.*

1 c Und deine Stadt oder dein Dorf? Zeichne eine Karte und schreib die Wörter auf.

Extra! Lotto! Zeichnet 6 Bilder. Der Lehrer/die Lehrerin sagt: „Der Park, die Kirche, …" usw. Hast du 6 Bilder? Lotto!

B

Hilfe

der Bahnhof	die Bank	das Hallenbad
der Dom	die Disco	das Kino
der Markt	die Kirche	das Rathaus
der Park	die Post	das Schloss
		das Sportzentrum
		das Theater

2 a Finde die passenden Sätze für die Fotos.

2 b 🔊 Ist alles richtig? Hör gut zu.

Das ist eine kleine Kirche.

Das ist ein neues Kino.

Das ist ein großer Bahnhof.

a

b

c

Grammatik
im Fokus *ein/eine/ein + Adjektiv*

m.	**Das ist** ein Bahnhof.	➡	**Das ist** ein groß**er** Bahnhof.
f.	**Das ist** eine Kirche.	➡	**Das ist** eine klein**e** Kirche.
n.	**Das ist** ein Kino.	➡	**Das ist** ein neu**es** Kino.

3 Peter beschreibt seine Stadt. Füll die Lücken aus.

Extra! Wie ist deine Stadt? Schreib einen Antwortbrief.

Bromberg ist eine schön ____ und interessant ____ Stadt. Ich schwimme gern und ich gehe gern ins Hallenbad. Es ist ein neu ____ und modern ____ Hallenbad – wirklich toll! Bromberg hat auch einen Park – das ist ein sehr schön ____ Park.

C D E ▶

140 ▶

Wo ist der Bahnhof, bitte?

You will learn how to …

✓ ask for directions: *Entschuldigung! Wo ist die Disco, bitte? Wie komme ich zum Bahnhof, bitte?*

✓ give directions: *Geh geradeaus und nimm die dritte Straße links. Gehen Sie geradeaus und nehmen Sie die erste Straße rechts.*

1 🔊 Hör gut zu und lies mit.

2a 🔊 Hör gut zu und lies mit.

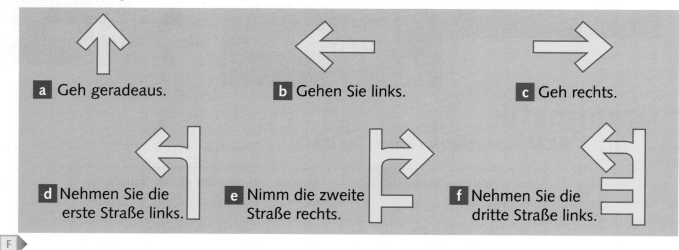

a Geh geradeaus.

b Gehen Sie links.

c Geh rechts.

d Nehmen Sie die erste Straße links.

e Nimm die zweite Straße rechts.

f Nehmen Sie die dritte Straße links.

F ▶

2b 🔊 Wo ist … ? Hör gut zu und finde die passenden Bilder in Übung 2a.

Tipp ▫ Tipp ▫ Tipp

***du* oder *Sie*?**

du ➡ Familie, Freunde, Kinder, Tiere

Sie ➡ Erwachsene (*adults*), Fremde (*strangers*)

G ▶

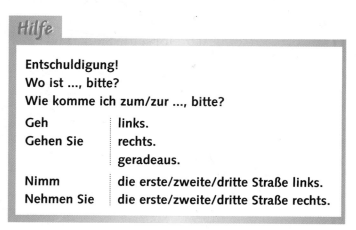

Hilfe

Entschuldigung!
Wo ist …, bitte?
Wie komme ich zum/zur …, bitte?

Geh	links.
Gehen Sie	rechts.
	geradeaus.
Nimm	die erste/zweite/dritte Straße links.
Nehmen Sie	die erste/zweite/dritte Straße rechts.

3a 🔊 Hör gut zu und finde die passenden Bilder.

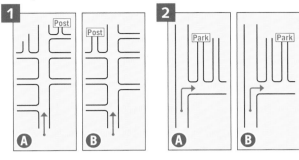

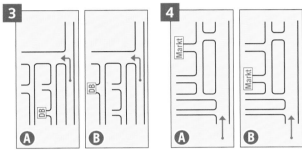

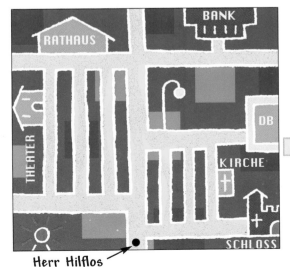

3b 👥 Ist alles richtig? **A** fragt, **B** beschreibt den Weg. Dann ist **B** dran. Antwortet mit *du*.

4 👥 Herr Hilflos hat Probleme. **A** ist Herr Hilflos, **B** antwortet mit *Sie*.

> **Beispiel:** **A** *Wo ist das Rathaus?*
> **B** *Gehen Sie geradeaus …*

Herr Hilflos ist hier.

5 🔊 Hör gut zu und finde die passenden Bilder.

1 *Wie komme ich zur Disco, bitte?*

2 *Wie komme ich zum Schloss, bitte?*

3 *Wie komme ich zum Markt, bitte?*

4 *Wie komme ich zur Kirche, bitte?*

Grammatik im Fokus — *zum* oder *zur*?

	m.	f.	n.
Wie komme ich … ?	zum Bahnhof	zur Bank	zum Hallenbad

6 *zum* oder *zur*? Füll die Lücken aus.

1 Wie komme ich _____ Park?
2 Wie komme ich _____ Disco?
3 Wie komme ich _____ Theater?
4 Wie komme ich _____ Post?
5 Wie komme ich _____ Supermarkt?
6 Wie komme ich _____ Schloss?

7 👥 Du bist in der Schule. **A** fragt: „Wie komme ich zum/zur … ?"; **B** antwortet. Dann ist **B** dran.

 a   b   c   d   e   f

H I   K   J

Wie fährst du in die Stadt?

You will learn how to ...

✓ ask which means of transport someone uses: *Wie fährst du in die Stadt?*

✓ say which means of transport you use: *Ich fahre mit dem Bus. Ich gehe zu Fuß.*

1 🔊 Hör gut zu und lies mit.

> **Annika:** Hallo, Jasmin! Was machst du am Nachmittag?
>
> **Jasmin:** Tag, Annika! Ich gehe in die Stadt. Ich gehe einkaufen. Kommst du mit?
>
> **Annika:** Ja, gern! Wie fährst du in die Stadt? Mit dem Bus oder mit der Straßenbahn?
>
> **Jasmin:** Ich gehe zu Fuß!
>
> **Annika:** Ach nein ... !

2a Wie fährst du in die Stadt? Schau die Bilder an und finde die passenden Sätze.

> 1 Ich fahre mit dem Bus.
>
> 2 Ich fahre mit dem Auto.
>
> 3 Ich gehe zu Fuß.
>
> 4 Ich fahre mit dem Zug.
>
> 5 Ich fahre mit dem Rad.
>
> 6 Ich fahre mit der U-Bahn.
>
> 7 Ich fahre mit der Straßenbahn.

2b 🔊 Ist alles richtig? Hör gut zu.

3a 🔊 Atalay macht eine Umfrage. Wie fahren die Schüler und Schülerinnen in die Stadt? Hör gut zu und finde die passenden Bilder.

Beispiel: 1 = f

3b 👥 Du bist dran! Wie fährst du in die Stadt? Macht Dialoge (Bilder a–g).

Beispiel: A Wie fährst du in die Stadt?
B Ich fahre mit der U-Bahn.

3c 👥 Macht eine Umfrage wie Atalay.

Beispiel:
A Sally, wie fährst du in die Stadt?
B Ich fahre mit dem Rad und mit dem Zug.

Extra! 👥 Macht ein Poster und schreibt die Resultate auf.

4a Was macht Eva? Kopiere ihr Tagebuch und füll die Lücken aus.

Montag
19.00 Ich fahre mit .... Bus zum Sportzentrum.

Dienstag
20.00 Ich gehe .... Fuß zur Disco.

Mittwoch
7.00 Ich fahre mit .... Rad zum Hallenbad.

Donnerstag
15.00 Ich fahre mit .... Straßenbahn zum Kino.

Freitag
7.45 Ich fahre mit .... U-Bahn zur Schule.

4b 👥 Ist alles richtig? A fragt, B antwortet.

Beispiel:
A Was machst du am Montag?
B Ich fahre mit dem Bus zum Sportzentrum.
A Richtig!

4c Du bist dran! Schreib dein Tagebuch für die Woche.

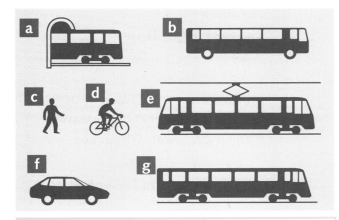

Gut gesagt! ,s, ß, sch, st'

5a 🔊 Hör gut zu.
5b 🔊 Hör gut zu und wiederhole.

Zu Fuß ... zu Fuß ... zu Fuß – zu Fuß in die Stadt! Das Schloss und die Stadt sind sehr schön und super – aber es ist schrecklich schwer zu Fuß!!!!

Tipp ▪ Tipp ▪ Tipp

Schreibhilfe

☐ Schreib langsam.
☐ Schreib schön und deutlich.
☐ Was ist wichtig? Schreib vorher die Schlüsselwörter (*key words*) auf.
☐ Lies danach alles zweimal oder dreimal. Findest du Fehler? Korrigiere sie.

Wo ist die nächste Bushaltestelle?

1a 🔊 Sven fährt zum Hallenbad. Hör gut zu und lies mit.

1b 🔊 Hör noch einmal gut zu und finde die passenden Antworten.

1 Die Linie 6 fährt …
   a zur Stadtmitte.   **b** zum Hallenbad.
   c zum Rathaus.

2 Die Linie 11 fährt …
   a zur Stadtmitte.   **b** zum Rathaus.
   c zum Bahnhof.

3 Sven fährt …
   a zum Busbahnhof.   **b** zur Stadtmitte.
   c zum Hallenbad.

4 Der nächste Bus fährt in …
   a sechs Minuten.   **b** zehn Minuten.
   c elf Minuten.

2 👥 Macht Dialoge.

Beispiel:
A *Welche Linie fährt zur Stadtmitte, bitte?*
B *Linie 2.*
A *Wann fährt der nächste Bus?*
B *In 5 Minuten.*

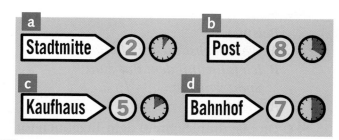

3a Wer sagt was? Finde die passenden Bilder.

1 *Zweimal zur Kirche, bitte.*

2 *Einmal zum Museum, bitte.*

3 *Dreimal zum Hallenbad, bitte.*

3b 📼 Ist alles richtig? Hör gut zu.

4 📼 Hör gut zu und finde die passenden Bilder.

Hilfe

Wo ist die nächste Bushaltestelle?
Wie komme ich am besten zum Rathaus, bitte?
Nehmen Sie/Nimm die Linie 11.
Welche Linie fährt zur Stadtmitte?
Linie 6.
Wann fährt der nächste Bus?
In 10 Minuten.
Einmal zum Hallenbad, bitte.
Zweimal zur Stadtmitte, bitte.
Dreimal zum Museum, bitte.
Einfach/hin und zurück.
Was kostet eine Fahrkarte?

5 👥 Im Busbahnhof: **A** kauft eine Fahrkarte. Dann ist **B** dran.

Beispiel: **A** *Einmal zum Kino, bitte.*
B *Einfach oder hin und zurück?*
A *Hin und zurück, bitte.*
Was kostet eine Fahrkarte?
B *1 Euro 10.*

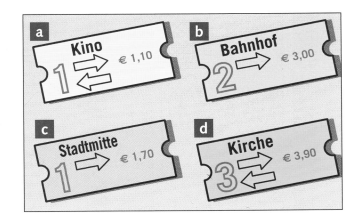

Extra! Dein Brieffreund/deine Brieffreundin besucht deine Stadt. Beschreib den Weg von deinem Haus zur Stadtmitte.

□ Wo ist die nächste Bushaltestelle?
□ Welche Linie?
□ Wo kauft man Fahrkarten? (im Bus, Busbahnhof usw.)
□ Was kostet eine Fahrkarte?

Das Labyrinth-Spiel

1 Wie kommt Mini-Monster am besten zum Hallenbad? Finde den Weg.

2 Beschreibt den Weg für Mini.

Beispiel: **A** *Geh geradeaus!*
B *Und geh links, Mini!*
C *Geh dann rechts!*

Kannst du ...?

✓	sagen:	*Das ist der Dom und das ist die Post.*
✓	sagen:	*Das Sportzentrum ist modern. Das ist ein neues Kino.*
✓	fragen:	*Wo ist die Disco, bitte? Wie komme ich zum Bahnhof, bitte?*
✓	sagen:	*Geh geradeaus. Nehmen Sie die dritte Straße links.*
✓	fragen und sagen:	*Wie fährst du in die Stadt? Ich fahre mit dem Bus. Ich gehe zu Fuß.*
✓	fragen:	*Wo ist die nächste Bushaltestelle, bitte?*
✓	fragen:	*Wie komme ich am besten zum Rathaus, bitte?*
✓	fragen:	*Welche Linie fährt zur Stadtmitte?*
✓	fragen und sagen:	*Wann fährt der nächste Bus zum Bahnhof? In zehn Minuten.*
✓	sagen:	*Einmal zum Markt, bitte. Hin und zurück.*

Und Grammatik im Fokus ...?

✓	*ein/eine/ein* + Adjektiv:	**ein großer Bahnhof, eine gute Disco, ein modernes Kino**
✓	*zum* oder *zur*?:	**zum Bahnhof, zur Kirche, zum Museum**

Wir machen eine Stadttour!

**Eine Klasse aus Wesel kommt in deine Stadt.
Mach ein Poster, eine Werbebroschüre und
eine Stadttourkassette.**

1 Mach ein Poster. Finde oder zeichne Bilder
und schreib einen Werbeslogan.

2 Mach eine Werbebroschüre. Finde Fotos
und sammle Informationen über deine
Stadt.
- Wo ist die Kirche, der Bahnhof usw.?
- Ist das Kino neu, alt usw.?
- Wie kommt man am besten zum Park,
  zum Hallenbad usw.?
- Wie kommt man am besten in die Stadt?

3 Beschreib eine Stadttour und nimm alles
auf Kassette auf.

> Du bist hier am Rathaus. Geh
> geradeaus – dort ist die Kirche.
> Das ist eine sehr schöne Kirche.
> Nimm dann die erste Straße links
> und geh dann geradeaus:
> Dort ist der Park. Er ist groß und ...

Klasse! - Magazin

Wir besuchen Wesel!

Hier ist die Stadtmitte von Wesel.
Hier ist alles neu und modern.

Zug, Bus oder Rad?
In Wesel gibt es alles!

Der Dom ist am Markt in der
Stadtmitte. Er ist sehr alt –
ungefähr 500 Jahre alt.
Der Dom ist sehr groß!

Der Park ist sehr schön.

Heute Abend fahre ich in die Stadt!

You will learn how to …

✓ say what you're doing this weekend: *Ich gehe am Samstag mit Susi in die Disco. Heute Abend fahre ich in die Stadt.*

1a 🔊 Hör gut zu. Jasmin schreibt ihr Tagebuch.

A ▶

1b 🔊 Hör noch einmal gut zu. Lies Jasmins Tagebuch und füll die Lücken aus.

> Heute Morgen
> mit dem Rad
> zur Schule
> mit dem Auto
> um 12 Uhr
> zum Bahnhof
> zur Disco
> mit dem Zug

Freitag

16.00: Ich fahre ~~~~~~~ zum Sportzentrum.

19.00: Ich gehe zu Fuß ~~~~~~~ . Dort tanze ich mit Kai aus der 6A … Kai ist super!

Samstag

7.45: Ich fahre mit der U-Bahn ~~~~~~~ , aber ~~~~~~~ habe ich frei!

14.00: Ich fahre mit dem Rad ~~~~~~~ . Dann fahre ich ~~~~~~~ zu Oma und Opa.

Sonntag

10.00: ~~~~~~~ gehe ich nicht ins Hallenbad – Mutti und ich fahren ~~~~~~~ zur Eisdiele!

B ▶

2 🔊 Was machen Annika, Atalay und Sven am Wochenende? Wer sagt was? Hör gut zu und finde die passenden Sätze.

1 Ich fahre am Nachmittag mit dem Bus in die Stadt.
2 Heute Abend gehe ich ins Kino.
3 Ich fahre am Sonntag mit dem Rad zum Hallenbad.
4 Ich gehe zur Eisdiele am Markt.
5 Ich kaufe ein Geschenk für meine Mutter.
6 Um 19 Uhr fahre ich mit dem Bus.

3 👥 Was machst du am Wochenende? **A** fragt, **B** antwortet. Dann ist **B** dran.

Beispiel: **A** *Was machst du am Freitagabend?*
B *Ich fahre mit dem Bus in die Stadt.*

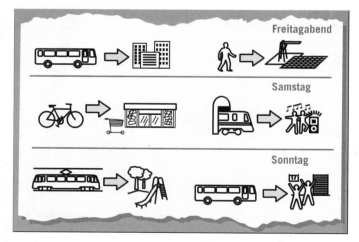

Extra! 👥 Du bist dran! Was machst du wann? **A** fragt, **B** antwortet. Dann ist **B** dran.

Beispiel: **A** *Was machst du am Freitagabend?*
B *Ich fahre mit dem Rad zur Disco.*

Extra! Was machst du am Wochenende? Schreib dein Tagebuch.

Grammatik
im Fokus Wortstellung

When a sentence contains several pieces of information, the order
that they must take is *time – manner – place*:

subject	verb	time	manner	place
Ich	fahre	um 10 Uhr	mit dem Bus	in die Stadt.
Wir	gehen	am Montag	zu Fuß	zur Schule.
Susi	tanzt	samstags	mit Alex	in der Disco.

Even if only one or two pieces of information are present, the word order
remains the same:

subject	verb	time	manner	place
Ich	fahre	—	mit dem Rad	zur Schule.
Wir	fahren	am Mittwoch	mit dem Bus.	—
Susi	geht	samstags	—	ins Kino.

4a Schreib die Sätze richtig auf.

1 Er / zu / in / geht / die / Fuß / Stadt / .
2 Ich / freitags / fahre / Zug / dem / mit / .
3 Wir / mit / Schule / der / U-Bahn / fahren / zur / .
4 Er / Sportzentrum / dem / fährt / mit / Rad / zum / .
5 Sie / Samstag / zum / geht / am / Markt / .

4b  Macht sieben Sätze mit *Tom tanzt …*

Beispiel: *Tom tanzt in der Disco.*
Tom tanzt mit Katja.

Tom | freitags | mit Katja | tanzt | in der Disco

If you want to stress the time element, you can move it to the beginning of the sentence,
but note that the order of the sentence changes:

Ich **fahre** um 10 Uhr in die Stadt. ➡ Um 10 Uhr **fahre** ich in die Stadt.

Tom **tanzt** freitags in der Disco. ➡ Freitags **tanzt** Tom in der Disco.

5a Füll die Lücken aus.

Heute		Um 8 Uhr
	Am Wochenende	
Am Montag		Mittags

1 _____ habe ich keine Schule!
2 _____ esse ich Frühstück.
3 _____ gehen wir zur Eisdiele.
4 _____ machen meine Schwester und ich Pizza.
5 _____ habe ich Englisch.

5b Schreib neue Sätze.

Beispiel: *1 Am Sonntag fahren wir zum Park.*

1 Wir fahren <u>am Sonntag</u> zum Park.
2 Wir gehen <u>dann</u> ins Kino.
3 Ich gehe <u>um 16 Uhr</u> in die Stadt.
4 Mein Vater macht <u>heute Abend</u> Pizza.
5 Wir spielen <u>nach dem Abendessen</u> Karten.

Was hast du am Samstag gemacht?

You will learn how to …

✓ say what you did at the weekend: *Ich habe Fußball gespielt. Wir haben Musik gehört.*

✓ ask others what they did: *Was hast du am Samstag gemacht?*

1 🔲 Hör gut zu und lies mit.

Was hast du am Wochenende gemacht, Sven?

Ich habe Fußball gespielt.

Ich habe Souvenirs gekauft.

Und ich habe in der Disco getanzt!

2 a 🔲 Was hat Annika am Samstag gemacht? Hör gut zu. Schau die Bilder an und finde die richtige Reihenfolge.

Beispiel: e, …

2 b 🔲 Hör noch einmal gut zu. Lies Annikas Brief und füll die Lücken aus.

getanzt

gemacht

gekauft

gehört

gemacht

gespielt

Liebe Sarah,

am Wochenende habe ich viel (1) _____ !
Ich habe am Samstagmorgen Tennis
(2) _____ – mit Atalay. Ich habe mittags
Pizza mit Spinat und Thunfisch (3) _____ .
Ich habe danach mit Jasmin zwei Backstreet
Boys-CDs (4) _____ und wir haben die CDs
zu Hause (5) _____ . Abends haben wir in
der Disco (6) _____ – bis 22 Uhr!

Viele Grüße
Annika

G H ▶

Grammatik
im Fokus Das Perfekt

If you want to talk about what you did last weekend, you use the past tense:

I **danced** in the disco.   I **listened** to music.   We **made** pizza.

In German, the past tense is called the perfect tense. You need two parts to form the perfect tense: usually the present tense of the verb *haben*, and the past participle of the main verb. For most verbs, the past participle starts with *ge-* and ends with *-t*, and it always goes at the end of the sentence.

		haben		past participle
Ich **tanz**e in der Disco. ➡	Ich	habe	in der Disco	**getanzt**.
Du **hörst** Musik. ➡	Du	hast	Musik	**gehört**.
Wir **mach**en Pizza. ➡	Wir	haben	Pizza	**gemacht**.

3 Welche Sätze sind im Perfekt?

1 Ich habe Tennis gespielt.

2 Susi hat einen Computer.

3 Wir haben ein Poster gekauft.

4 Haben Sie einen Bleistift?

5 Ich habe eine Katze und einen Hund.

6 Tom hat Salat gemacht.

4 Füll die Lücken aus.

1 Was hast du am Samstag _____ ? (machen)

2 Ich habe Jeans _____ . (kaufen)

3 Wir haben in der Disco _____ . (tanzen)

4 Und wir haben Musik _____ . (hören)

5 Hast du Volleyball _____ ? (spielen)

5a 👥 Was hast du am Samstag gemacht? Schau die Bilder an. **A** fragt, **B** antwortet. Dann ist **B** dran.

Beispiel: A *Was hast du am Samstag gemacht?*
B *Ich habe Fußball gespielt.*

5b 👥 Gedächtnisspiel.

Beispiel: A *Ich habe Fußball gespielt.*
B *Ich habe Fußball gespielt und CDs gekauft.*

Extra! Du bist dran! Was hast du am Samstag gemacht? Schreib einen Brief an Annika.

146 ▶

Hilfe

Was hast du am Wochenende/Samstag gemacht?		
Ich habe	Fußball/Tennis/Karten	gespielt.
Wir haben	Souvenirs/CDs	gekauft.
	in der Disco	getanzt.
	Pizza/Mittagessen	gemacht.
	Musik	gehört.

Tipp ▪ Tipp ▪ Tipp

Lesehilfe

☐ Lies viel Deutsch: Comics, Zeitschriften, Zeitungen, Bücher usw.

☐ Finde einen Brieffreund/eine Brieffreundin in Deutschland.

Sonntag im Park

You will learn how to …

✓ say what you did and where you went at the weekend: *Ich bin Skateboard gefahren. Wir sind ins Kino gegangen. Wir haben ein Picknick gemacht.*

1a 🔊 Was hat Sven am Sonntag gemacht? Hör gut zu und lies sein Tagebuch.

1b 🔊 Hör noch einmal gut zu und und finde die passenden Bilder für die Sätze.

1 Ich bin zum Park gefahren.

2 Wir sind Skateboard gefahren.

3 Wir haben Fußball gespielt.

4 Wir haben ein Picknick gemacht.

5 Wir haben Kakao und Cola gekauft.

6 Wir sind zum Open-Air-Konzert gegangen.

7 Wir haben eine Band gehört.

2 Kopiere den Text und füll die Lücken aus.

Ich bin am Sonntag mit dem Bus in die Stadt _____. Ich habe mit Svenja ein Eis in der Eisdiele_____ und wir haben einen Spaziergang _____. Dann sind wir ins Kino _____ . Um 17 Uhr sind wir mit der U-Bahn zum Hallenbad _____ . Abends habe ich im Wohnzimmer Musik _____ .

gehört	gefahren	gegangen
gemacht	gekauft	gefahren

Hilfe

Ich bin	zum Park gefahren.
Wir sind	Skateboard gefahren.
	ins Kino gegangen.
	zum Konzert gegangen.
Ich habe	**ein Picknick gemacht.**
Wir haben	**einen Spaziergang gemacht.**
	Kakao und Cola gekauft.
	eine Band gehört.

3a Was hat Maxi-Monster am Wochenende gemacht? Schreib Sprechblasen für den Cartoon.

Beispiel: *Ich bin ins Kino gegangen.*

3b Wann hat Maxi was gemacht? Schreib sein Tagebuch.

Beispiel: *Ich bin am Freitagabend ins Kino gegangen.*

Freitagabend · KINO · MONSTER-HORRORHAUS

Samstagmorgen

Samstagmittag · Pommes frites mit Schokoladeneis ...

Samstagabend

Sonntag · Horror Park

Sonntagabend · Abendessen!

Grammatik
im Fokus   Das Perfekt

A few verbs form their perfect tense with *sein* rather than *haben*. Their past participles are also different – most of them still start with *ge-*, but they don't end with *-t*. These are mostly verbs that describe movement (*to go*, *to travel*):

Ich fahre ins Hallenbad. ➡ Ich **bin** ins Hallenbad **gefahren**.

Wir gehen zu Fuß. ➡ Wir **sind** zu Fuß **gegangen**.

4 *sein* oder *haben*? Füll die Lücken aus.

ist	hat	habe	bin	sind	haben

1 Ich _____ ins Kino gegangen.
2 Ines _____ einen Hamburger gekauft.
3 Wir_____ mit dem Bus gefahren.
4 Ich _____ Frühstück gemacht.
5 Tom _____ zum Konzert gegangen.
6 Wir _____ CDs gekauft.

5 👥👥 Was hast du am Sonntag gemacht? **A** sagt eine Zahl, **B** antwortet. Dann ist **B** dran.

Beispiel: *A Nummer 1!*
B Ich habe Pizza gemacht.

Extra! **A** sagt mehr Informationen, **B** antwortet. Dann ist **B** dran.

Beispiel: *A Nummer 1 – am Samstag!*
B Ich habe am Samstag Pizza gemacht.

Ⓜ ▶

146 ▶

Dein Wochenende in Wesel

Viel Spaß!

Das ist Wesel – unsere Stadt! Magst du Wesel? Was hast du in Wesel gemacht?

Spiel mit 🧑‍🤝‍🧑 und 🎲.

Hast du eine ⚀? Du beginnst.

Hast du ⬛ **?**
Beantworte die Fragen:

- Wohin bist du gefahren?
  Beispiel: Ich bin zum Bahnhof gefahren.
- Was hast du dort gemacht?
  Beispiel: Ich habe eine Fahrkarte gekauft.

Hast du ⬛ **?**
Beantworte die Frage:

- Wie bist du in die Stadt gefahren?
  Beispiel: Ich bin mit dem Bus in die Stadt gefahren.

Hast du ⬜ **?**
Beantworte die Fragen:

- Was hast du in der Stadt gekauft?
  Beispiel: Ich habe CDs gekauft.
- Wie viel kostet das?
  Beispiel: Das kostet 12 Euro.

Ist deine Antwort falsch?
Du gehst zwei Felder zurück.

Ist deine Antwort richtig?
Du bleibst auf dem Feld.

Bist du beim ZIEL?
Herzlichen Glückwunsch – du bist Sieger!

Was machen sie am Wochenende?

Gut gesagt!

1 🔊 Hör gut zu.

2 🔊 Hör noch einmal gut zu und wiederhole.

Florian Friedner und Frauke Frei fahren mit dem Flugzeug im Freizeitpark Phantasialand.

Hamster Heiko und Hund Hasso haben heute Hunger – Hilfe!

Karlo und Kitti Katze kaufen Kekse, Kuchen und Kaffee im Kaufhaus Kaiser.

Susi Sauer und Sandra Süß sehen samstags Seifenopern – und sonntags sehen sie Serien.

Tante Tanja und Tobias tanzen Tango auf dem Tischtennistisch – toll!

Willi Weisner und Wellensittich Walter wandern am Wochenende zum Wolfgangsee.

Kannst du … ?

✓ dein Wochenende beschreiben: *Ich gehe am Samstag mit Susi in die Disco.*
Heute Abend fahre ich in die Stadt.

✓ fragen und sagen: *Was hast du am Sonntag gemacht? Ich habe Fußball gespielt.*
Wir haben Musik gehört. Wir sind ins Kino gegangen.

Und Grammatik im Fokus … ?

✓ Wortstellung: *Ich fahre am Samstag mit dem Bus in die Stadt.*
Heute Abend tanzt Tom mit Susi in der Disco.

✓ Das Perfekt: *Ich habe Tennis gespielt. Wir haben Pizza gemacht.*

PROJEKT

Was hast du am Wochenende gemacht?

Was hast du am Wochenende gemacht? Schreib ein ‚Tagebuch-Poster' für Samstag und Sonntag.

1 Was hast du gemacht? Zeichne alles oder finde Fotos, Karten, Broschüren usw.

2 Wann hast du was gemacht? Schreib Wörter oder die Uhrzeit auf.

3 Wie bist du dorthin gefahren / gegangen? Finde Fahrkarten, Fotos usw. oder zeichne alles.

4 Schreib dein Tagebuch für Samstag und Sonntag.

5 Finde 📻. Nimm dein Tagebuch auf Kassette auf.

SAMSTAG

Am Morgen:

Am Nachmittag:

Am Abend:

COMET-KINOCENTER
1 FACULTY
2 8 MM 5 RUSH HOUR
3 DAS LEBEN IST SCHÖN 6 SHAKESPEARE IN LOVE
4 WATERBOY 7 STÜRMISCHE ART

Ich bin am Morgen mit dem Bus in die Stadt gefahren. Ich habe CDs gekauft.

SONNTAG

Am Morgen:

Am Nachmittag:

Am Abend:

Prima-Rock
Donnerstag 1. April
20 Uhr €25

Ich bin am Morgen mit der U-Bahn zum Hallenbad gefahren. Am Nachmittag habe ich Musik gehört.

Klasse! - Magazin

Spaß am Wochenende: Freizeitpark Phantasialand in Brühl (Köln)

Die Nummer eins in Deutschland!

Der Dino-Tunnel

Festival der Lichter

Informationen gibt es hier:
Phantasialand
Berggeiststraße 31 – 41
D - 50321 Brühl/Köln
Telefon: 02232 - 36200

Der Glockenturm

Hallo Thomas,
wir sind am Sonntag zum Freizeitpark Phantasialand gefahren.
Das hat Spaß gemacht! Wir sind mit dem Super Globe
gefahren – toll! Wir sind auch zum Dino-Tunnel gegangen,
und ich habe Souvenirs gekauft: ein Phantasialand-T-Shirt,
Postkarten, ein ,Dino'-Stofftier ... Danach haben wir einen
Spaziergang zur Wildwasserbahn gemacht. Die
Wildwasserbahn ist neu – und sehr groß! Dann haben wir ein
Eis gekauft, und um 18 Uhr sind wir nach Hause gefahren.

Viele Grüße
Anne

Wiederholung

1 👥 Schau das Fernsehprogramm an. Was gibt es wann? Was für eine Sendung ist das? **A** fragt, **B** antwortet. Dann ist **B** dran.

Beispiel: A *Was gibt es um 9 Uhr?*
B *Mimi die Maus.*
A *Was für eine Sendung ist das?*
B *Das ist ein Trickfilm.*

9.00 Mimi die Maus

11.15 Nachrichten

11.40 Sportstudio
(Fußball: Deutschland – England)

14.00 Haustiere in Deutschland

16.10 Die Hit-Show

16.50 Guten Tag!

17.20 Marienhof

18.45 Doktor Sommer

2 a Lies Astrids E-Mail.

┌─────────────────────────────┐
│ ▣ ▤▤▤▤ **Nachricht** ▤▤▤▤ ▤ │
├─────────────────────────────┤
│ Ich habe viele Hobbys: Ich lese gern und ich spiele jeden Tag Computerspiele. Und ich sehe sehr gern fern: Ich sehe jeden Morgen Trickfilme und ich sehe am Nachmittag am liebsten Musiksendungen. Und abends? Ich sehe jeden Abend Seifenopern - am liebsten sehe ich *Gute Zeiten, schlechte Zeiten*. Ich bin auch sehr sportlich: Ich reite einmal pro Woche. Mein Pferd heißt Charly. Charly ist ein sehr schönes Pferd! Charly ist vier Jahre alt und er ist braun und weiß. Ich spiele auch zweimal pro Woche Basketball - Basketball ist ein toller Sport, finde ich! Aber mein Lieblingssport ist Schwimmen - ich schwimme jeden Tag. │
└─────────────────────────────┘

2 b Beantworte die Fragen. Schreib die Antworten auf.

1 Was sind Astrids Hobbys?
2 Was sieht sie gern – und wann?
3 Wie oft reitet sie?
4 Wie ist ihr Pferd Charly?
5 Was macht sie zweimal pro Woche?
6 Wie oft schwimmt sie?

2 c Du bist dran! Was sind deine Hobbys? Was machst du wie oft – und wann? Schreib eine E-Mail an Astrid.

Tipp ▫ Tipp ▫ Tipp

Lesehilfe

☐ Lies die Aufgabe oder die Fragen vorher zweimal oder dreimal!

☐ Schau die Bilder an!

☐ Lies den Text gut!

☐ Du verstehst einige Wörter nicht? Keine Angst! Finde die Schlüsselwörter (*key words*) – sie sind wichtig!

3 a 🔊 Was gibt es in Wesel? Hör gut zu und finde die passenden Bilder.

Beispiel: 7, 9, …

3 b 🔊 Hör noch einmal zu und finde die passenden Antworten.

1 Wesel ist …
   a alt.   **b** groß.   **c** klein.

2 Das Rathaus ist …
   a klein.   **b** schön.   **c** neu.

3 Der Heuberg-Park ist …
   a schön.   **b** interessant.   **c** klein.

4 Wie viele Kinos gibt es in Wesel?
   a 0   **b** 1   **c** 2

5 Das Museum ist …
   a in der Kaiserstraße.
   b am Markt.
   c am Stadtrand.

6 Die Linie 6 fährt …
   a zum Theater.
   b zum Museum.
   c zur Bushaltestelle.

3 c 👥 Du bist heute in Wesel. Was gibt es in Wesel? **A** fragt, **B** antwortet. Dann ist **B** dran.

Beispiel: *A Gibt es einen Park?*
        B Ja, es gibt einen Park. Er ist sehr groß.

Extra! Schreib eine Broschüre über Wesel.

4 a Julia ist am Wochenende in Wesel. Was macht sie? Lies ihren Plan und schreib ein Tagebuch für sie.

Beispiel: *Ich gehe am Samstagmorgen zu Fuß zum Markt.*

4 b Julias Brieffreundin fragt: „Was hast du am Wochenende gemacht?" Beschreib Julias Wochenende in Wesel.

Beispiel: *Ich bin am Samstagmorgen zu Fuß zum Markt gegangen.*

Information für Touristen

Samstagmorgen:	zum Markt (zu Fuß)
13.00:	ins Pizza-Café (mit Jan)
Abends:	ins Theater (mit Mutti)
Sonntag 10.00:	zum Museum (mit dem Bus)
Nachmittag:	zum Park (mit dem Rad)
Um 18.00:	zum Bahnhof (mit Mutti und Vati)

Die Extra-Seiten

1 a 🔊 Wo wohnen sie? Hör gut zu und finde die passenden Antworten.

1 a  **Düsseldorf**   b **Dortmund**

2 a **Marburg**   b **Magdeburg**

3 a **Weimar**   b **Wiesbaden**

4 a **Stuttgart**   b **Steinfurt**

1 b 👥 Wie schreibt man die anderen Städte? **A** fragt, **B** antwortet. Dann ist **B** dran.

1 c 👥 Schreib andere Städte (z. B. in England) auf. Wie schreibt man sie? **A** fragt, **B** antwortet. Dann ist **B** dran.

2 a Lies die Fragen und finde die passenden Antworten.

1 (Hallo, wie heißt du?)   a (Ich wohne in Salzburg.)

2 (Wie geht's?)   b (Im Sommer, im Juli.)

3 (Wie alt bist du?)   c (Ich heiße Sandra.)

4 (Wann hast du Geburtstag?)   d (Ich komme aus Österreich.)

5 (Woher kommst du?)   e (Ich bin dreizehn Jahre alt.)

6 (Wo wohnst du?)   f (Danke, gut.)

2 b 🔊 Ist alles richtig? Hör gut zu.

2 c 👥 Du bist dran! **A** fragt, **B** antwortet. Dann ist **B** dran.

> **Beispiel:**   A   Hallo, wie heißt du?
>   B   Ich heiße Andrew.
>   A   Wie alt bist du, Andrew?
>   B   Ich bin dreizehn Jahre alt.

3 a Lies Atalays Brief und kopiere den Steckbrief. Füll dann den Steckbrief aus.

> Hallo!
> Ich heiße Atalay Gücer. Ich bin 13 Jahre alt. Mein Geburtstag? Im Winter, im Januar. Ich komme aus Deutschland. Ich wohne in Wesel. Das ist im Westen.

Steckbrief

Wie heißt du? ....

Wie alt bist du? ....

Wann hast du Geburtstag? ....

Woher kommst du? ....

Wo wohnst du? ....

3 b Lies Majas Steckbrief. Schreib einen Brief für Maja.

Wie heißt du? .... *Maja Brinkmann*

Wie alt bist du? *12*

Wann hast du Geburtstag? *im Herbst* .... *(September)*

Woher kommst du? *aus der Schweiz*

Wo wohnst du? .... *Zürich (im Norden)*

3 c Du bist dran! Schreib deinen Steckbrief und dann einen Brief an einen Freund/eine Freundin.

3 d Nimm deinen Brief auf Kassette auf.

2 Extra!

1 🔊 Interview mit Oliver. Hör gut zu und finde die passenden Antworten.

1 Wie heißt er?
 a Oliver Miyre
 b Oliver Meyer
 c Oliver Mexer

2 Wie viele Geschwister hat er?

a **b** **c**

3 Wie alt ist Inge?

a **b** **c**

4 Wo wohnt Olivers Vater?

a **b** **c**

5 Wie ist Oliver?

a **b** **c**

6 Olivers Familie hat ...

a **b** **c**

2 👥 Beschreib deine Familie und deine Haustiere.

Beispiel: **A** *Hast du Geschwister?*
 B *Ja, ich habe einen Bruder.*
 A *Wie alt ist dein Bruder?*
 B *Er ist acht Jahre alt.*
 A *Und wie ist er?*
 B *Er ist freundlich, aber frech.*

3 Wie ist Benji? Lies den Text und finde das passende Bild.

Ich habe einen Hund – er heißt Benji. Benji ist nicht jung. Er ist zwölf Jahre alt. Das ist sehr alt! Benji ist sehr klein und er ist braun und schwarz. Er ist freundlich und sehr intelligent. Benji ist super!

4 Lies den Text und schreib einen Brief an das Magazin.

Haustier-Umfrage

Lieber Haustierfreund!
 Liebe Haustierfreundin!
Wir machen eine Umfrage über Haustiere in Deutschland. Bitte schreib uns!

Hast du ein Haustier?

Wie alt ist er/sie/es?

Wie heißt dein Haustier?

Ist er/sie/es freundlich, groß, klein usw.?

Und die Farbe?

Vielen Dank!

1a Dein Brieffreund/deine Brieffreundin fragt: „Welche Fächer hast du wann?" Schau die Bilder an und schreib eine Liste.

Beispiel:

> Montag: Mathe

Montag

Dienstag

Mittwoch

Donnerstag

Freitag

Samstag

1b 🗣 Ist alles richtig? Macht Dialoge.

Beispiel: A Was hast du am Montag?
B Am Montag habe ich Mathe.
A Richtig!

2a 📼 Mark vom Mars ist Lehrer. Er findet Schule furchtbar! Hör gut zu. Welche Fächer hat er? Schreib eine Liste.

Beispiel: Englisch, ...

2b 📼 Hör noch einmal gut zu und mach Notizen.

- ▫ Welcher Tag ist es?
- ▫ Welche Fächer hat er wann?
- ▫ Wie findet er die Fächer?

2c Schreib ein ‚Logbuch' (ein Tagebuch) für Mark vom Mars.

Beispiel:

> Es ist Mittwoch. Um Viertel nach acht habe ich Englisch. Ich finde Englisch furchtbar ...

3a Lies Julias Brief.

> Ich heiße Julia und ich bin 13 Jahre alt. Ich wohne in Köln. Das ist meine Klasse – die 6A – und das ist mein Lehrer. Er heißt Herr Pauly. Er ist sehr freundlich. Mein Lieblingsfach ist Deutsch. Ich finde Deutsch super! Und ich finde Informatik interessant. Ich mag aber Erdkunde nicht. Ich finde Erdkunde langweilig. Und du? Was ist dein Lieblingsfach? Hast du am Samstag Schule? Am Samstag habe ich keine Schule – am Samstag habe ich frei!
>
> Tschüs
>
> Julia

3b Du bist dran! Schreib einen Antwortbrief an Julia.

4 Extra!

1a Atalays Familie sucht ein Haus. Lies die Zeitungsanzeigen.

Wohnsiedlung Stettiner Weg
Reihenhaus (50 Jahre alt), mit Garten (groß)
Erdgeschoss: Küche und Esszimmer
Im ersten Stock: Wohnzimmer,
                    Badezimmer mit Dusche
Im zweiten Stock: 3 Schlafzimmer
keine Garage, kein Keller

Kärnter Weg – Wesel
Einfamilienhaus (90 Jahre alt) am Stadtrand
Erdgeschoss: Küche (modern – 1 Jahr alt),
                Esszimmer, Wohnzimmer (groß)
Im ersten Stock: 3 Schlafzimmer, Badezimmer
                  (mit Dusche)
Garten, kein Keller, keine Garage

1b 🔊 Hör gut zu. Haus A oder Haus B?

1c 🔊 Hör noch einmal gut zu und finde die passenden Antworten.

1 Wie ist das Haus?
   a schön   **b** klein   **c** modern

2 Wo ist die Küche?
   a im Keller   **b** im Erdgeschoss
   c im ersten Stock

3 Wie ist die Küche?
   a modern   **b** groß   **c** schön

4 Es gibt ...
   a keinen Garten   **b** keinen Keller
   c keinen Keller und keine Garage

5 Wo ist das Badezimmer?
   a im zweiten Stock   **b** im Erdgeschoss
   c im ersten Stock

6 Wie viele Schlafzimmer gibt es?
   a eins   **b** drei   **c** zwei

2 Schreib eine Zeitungsanzeige. Beschreib dein Traumhaus.
- ☐ Wo sind die Zimmer?
- ☐ Was gibt es in deinem Haus?
- ☐ Wie ist das Haus/wie sind die Zimmer?

3 Kopiere Janas Brief und füll die Lücken aus.

Ich habe mein eigenes _____ . In meinem Zimmer gibt es viele Farben: Mein Schrank ist _____ und mein Sofa ist _____ , _____ und _____ ! Mein Zimmer ist sehr groß und schön. In meinem Zimmer gibt es auch einen _____ , einen _____ , einen _____ - und natürlich ein Bett!

1a Lies die Speisekarte und finde die passenden Bilder.

Beispiel: 1 = k

> # Restaurant am Markt
> ## Mittagessen
> *1 Fisch mit Kartoffeln und Gemüse (Blumenkohl)*
> *2 Hähnchen mit Pommes frites und Salat*
> *3 Hähnchen mit Reis und Salat*
> *4 Currywurst mit Pommes frites und Salat*
> *5 Nudeln mit Käse, Spinat und Pilzen*
> *6 Gemüseburger mit Pommes frites und Tomatensalat*
> *7 Gemüseburger mit Käse, Pommes frites und Tomatensalat*
>
> ## Pizza
> *8 mit Tomaten, Thunfisch, Ei und Käse*
> *9 mit Tomaten, Schinken, Zwiebeln, Paprika und Käse*
> *10 mit Tomaten, Spinat, Zwiebeln, Pilzen und Käse*
>
> ## Trinken
> *11 Orangensaft*
> *12 Cola*
> *13 Wasser*
> *14 Kaffee*
> *15 Tee*

1b 🔊 Was essen und trinken Jasmin und ihr Vater? Hör gut zu und finde die passenden Bilder.

1c 🔊 Hör noch einmal gut zu und beantworte die Fragen.

1 Was sagt Jasmins Vater?
- „Ich esse kein …"
- „Ich esse nicht gern …"

2 Was sagt Jasmin?
- „Ich esse keinen …"
- „Ich esse nicht gern …"

2a Du bist dran! Schreib eine Speisekarte für dein eigenes Restaurant.

2b 👥 Dein Partner/deine Partnerin ist in deinem Restaurant. Was gibt es? Was isst und trinkt er/sie? Macht Dialoge.

Beispiel: **A** *Guten Tag!*
B *Guten Tag! Was gibt es zum Mittagessen?*
A *Also, es gibt …*

6 Extra!

1a Lies die Wörter und finde die passenden Bilder. Schreib dann eine Einkaufsliste.

Beispiel: 1 = c – ein Becher Jogurt

1 ein Becher
2 eine Dose
3 eine Flasche
4 eine Packung
5 ein Pfund
6 sechs
7 eine Tafel
8 eine Tüte

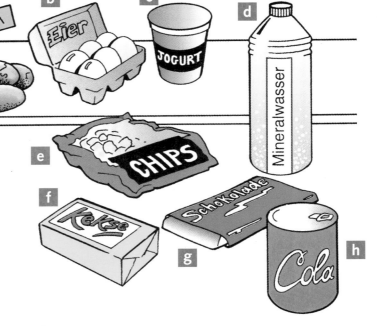

1b Macht Einkaufs-Dialoge mit *Ich möchte ...*

Beispiel:
A *Guten Tag! Was darf es sein?*
B *Ich möchte einen Becher Jogurt, bitte.*
A *Bitte sehr. Sonst noch etwas?*
B *Nein, danke. Das ist alles.*

2a 🔊 Hör gut zu. Wo findet man alles? Kopiere die Liste und füll die Lücken aus.

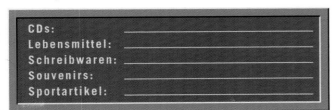

CDs:	_____
Lebensmittel:	_____
Schreibwaren:	_____
Souvenirs:	_____
Sportartikel:	_____

2b 🔊 Was gibt es im Kaufhaus Kaiser? Hör noch einmal gut zu und finde die passenden Bilder.

2c 🔊 Hör noch einmal gut zu und finde die passenden Antworten.

1 T-Shirts kosten ...

2 Schultaschen gibt es in ...

3 Füller kosten ...

4 Postkarten sind ...
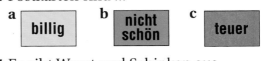

5 Es gibt Wurst und Schinken aus …
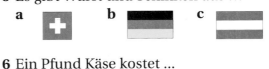

6 Ein Pfund Käse kostet ...

1a Lies Carstens Internet-Umfrage und beantworte die Fragen.

1b Du bist dran! Schreib fünf Fragen wie Carsten.

1c A stellt B seine/ihre Fragen, B antwortet. Dann ist B dran.

2a Finde einen Brieffreund/ eine Brieffreundin für Elena.

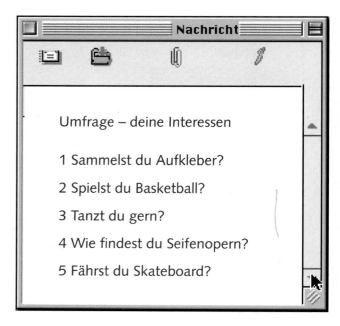

Hallo! Ich heiße Elena. Ich bin sehr sportlich – ich schwimme jeden Morgen und ich spiele zweimal pro Woche Volleyball. Ich höre auch gern Musik – ich höre am liebsten Musik aus England (Pop und Rock). Was finde ich nicht gut? Ich sehe nicht gern fern und ich finde Computer langweilig.

Umfrage – deine Interessen

1 Sammelst du Aufkleber?

2 Spielst du Basketball?

3 Tanzt du gern?

4 Wie findest du Seifenopern?

5 Fährst du Skateboard?

2b Du bist dran! Du suchst einen Brieffreund/eine Brieffreundin. Was sind deine Hobbys? Was machst du nicht gern? Schreib einen Brief.

3 Hör gut zu und finde die passenden Antworten.

1 Karl sieht ...
a nicht gern fern.   b jeden Tag fern.
c manchmal fern.

2 Er findet Talkshows ...
a gut.   b schlecht.   c langweilig.

3 Er sieht auch gern Musiksendungen ...
a aus England.   b aus der Schweiz.
c aus Deutschland.

4 Er sieht am liebsten ...
a Seifenopern.   b Sportsendungen.
c Serien.

5 Seine Lieblingssendung heißt ...
a *Die Hitparade.*   b *Verbotene Liebe.*
c *Die Nummer eins.*

6 Er sieht nicht gern ...
a Sportsendungen und Dokumentarfilme.
b Sportsendungen.   c Dokumentarfilme.

Meine Hobbys sind Computerspiele und Surfen im Internet, Fernsehen und Lesen. Ich sehe jeden Tag vier Stunden fern. Ich sehe am liebsten Seifenopern aus Deutschland! Ich spiele auch ein Instrument – Gitarre. Und ich sammle Aufkleber. Sport finde ich langweilig.
Anna

Ich lese gern (am liebsten Jugendmagazine) und ich treibe viel Sport: ich turne einmal pro Woche und ich spiele Tennis, Fußball und Volleyball. Ich sehe gern Sportsendungen und Musiksendungen im Fernsehen, aber ich finde Seifenopern blöd!
Kai

8 Extra!

1a Sarah beschreibt die Stadt Ipswich.
Lies den Text.

1b Du bist dran! Schreib einen Text über deine
Stadt/dein Dorf.

- ☐ Wo ist deine Stadt?
- ☐ Wie ist deine Stadt?
- ☐ Was gibt es in deiner Stadt?
- ☐ Wie fährst du in die Stadt?

1c Nimm die Informationen auf Kassette auf.

> Ipswich ist eine ziemlich große Stadt im Osten von
> England. In der Stadt ist ein schöner Park. Der Park
> heißt *Christchurch Park*. Die Stadt hat auch ein
> Hallenbad: *Crown Pools* ist ein modernes Hallenbad
> und ich schwimme dort sehr gern. Am Abend fahre
> ich meistens mit dem Bus zum Kino oder zur Disco
> *Hollywoods*. *Hollywoods* ist eine alte Disco – aber
> sie ist eine sehr gute Disco! Ich fahre
> normalerweise mit dem Bus in die Stadt,
> oder ich gehe zu Fuß.

2a 📼 Hör gut zu und finde die passenden
Bilder.

2b 👥 A beschreibt den Weg im Bild b und
B beschreibt den Weg im Bild c.

Beispiel: *Geh hier geradeaus und ...*

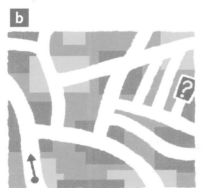
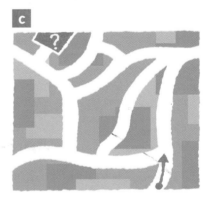

3a 📼 Hör gut zu und finde die passenden Bilder.
Beispiel   *1 – 1, b, E*

Wo?	Linie?	Wann?
1	a ②	A 0:10
2	b ③	B 0:07
3	c ⑤	C 0:04
4	d ⑥	D 0:15
5	e ⑧	E 0:18
6	f ⑩	F 0:25
7	g ⑫	G 0:30

3b 👥 Ist alles richtig? Macht
Dialoge.

Beispiel:
A *Welche Linie fährt zur Post?*
B *Linie drei.*
A *Wann fährt der nächste Bus?*
B *In achtzehn Minuten.*

1 a Lies Peters Tagebuch und beantworte die Fragen. Schreib Sätze.

Montag
17 Uhr: Ich fahre mit dem Bus zum Sportzentrum. Das ist ein neues Sportzentrum und es ist sehr modern. Ich spiele mit Jan Tennis. Um 18 Uhr 30 spiele ich Fußball.

Dienstag
Ich gehe zu Fuß zur Disco. DJ Doro macht heute Abend Musik – prima! Ich tanze – bis um 21 Uhr!

Mittwoch
7 Uhr: Ich fahre mit dem Rad zum Hallenbad. Ich schwimme sehr gern! Dann fahre ich mit dem Bus zur Schule.

Donnerstag
In der Stadt ist ein neues Kino. Ich gehe um 16 Uhr mit Ina ins Kino. Es gibt ‚Herkules'. Ich sehe gern Trickfilme.

Freitag
Ich fahre nach der Schule in die Stadt. Ich kaufe die neue DJ Doro-CD. Am Nachmittag höre ich in meinem Zimmer Musik.

Samstag
Wir machen ein Picknick im Park! Ich fahre zum Supermarkt. Um 13 Uhr mache ich einen Salat.

Sonntag
Ich fahre mit der Straßenbahn zu Oma und Opa – sie wohnen in Berlin. Oma macht Mittagessen – lecker!

1 Wie ist das Sportzentrum?
2 Wer ist am Dienstagabend in der Disco?
3 Wie fährt Peter zur Schule?
4 Wie ist das Kino?
5 Was für ein Film ist *Herkules*?
6 Wann hört Peter die neue DJ Doro-CD?
7 Was macht Peter am Samstag im Park?
8 Wer wohnt in Berlin?

1 b Was machst du am Montag, Dienstag usw.? A fragt, B ist Peter.

Beispiel: A Was machst du am
        Dienstagabend?
      B Ich gehe zu Fuß zur Disco.

2 Deine Klasse ist eine Woche in Österreich. Was machst du wann? Schreib Sätze.

Beispiel: *Ich fahre am Montag mit dem Bus in die Stadt.*

3 a Hör gut zu. Was haben Julia und Markus am Wochenende gemacht? Finde die passenden Bilder für Julia und Markus.

Beispiel: *Julia: e, ...*

3 b Hör noch einmal gut zu und mach Notizen. Schreib dann ein Tagebuch für Julia oder Markus.

Beispiel: *Samstag: Ich habe ein neues Skateboard gekauft ...*

Grammatik

Introduction

All languages have grammatical patterns (sometimes called 'rules'). Knowing patterns of German grammar helps you understand how German works. It means you are in control of the language and can use it to say exactly what you want to say, rather than just learning set phrases.

Here is a summary of the main points of grammar covered in *Klasse! 1*, with some activities to check that you have understood and can use the language accurately.

Where you see this symbol [W▉], use a dictionary to help you with the activity. See page 63 for help with using a dictionary.

Glossary of terms

noun *das Nomen*
a person, animal, thing or place
Thomas und sein *Hund* fahren in die *Stadt*.

singular *der Singular*
one of something
Der Hund isst *eine Wurst*.

plural *der Plural*
more than one of something
Die Schülerinnen machen eine Umfrage.

pronoun *das Pronomen*
a short word used instead of a noun or a name
Er isst eine Wurst.
Sie machen eine Umfrage.

verb *das Verb*
a 'doing' word
Ich *spiele* Karten.
Susi *fährt* Skateboard.

subject *das Subjekt*
a person or thing 'doing' the verb
Susanne geht in die Schule.
Ich finde Deutsch interessant.

object *das Objekt*
a person or thing affected by the verb
Ich kaufe *einen Kuli*.
Magst du *Biologie*?

nominative case *der Nominativ*
used for the subject of a sentence
Der Lehrer heißt Herr Jakob.
Eine Banane kostet 30 Pfennig.

accusative case *der Akkusativ*
used for the object of a sentence
Ich habe *einen Kuli*.
Thomas kauft *eine Banane*.

dative case *der Dativ*
used after some prepositions
Ich wohne *in einem Doppelhaus*.
Er ist in *der Küche*.

adjective *das Adjektiv*
a word describing a noun
Das Haus ist *alt*.
Mein Bruder ist *klein*.

preposition *die Präposition*
a short word like *in, aus, mit*
Klaus wohnt *in* einem Dorf.
Tom tanzt *mit* DJ Doro.

1 Nouns *Nomen*

Nouns are the words we use to name people, animals, things or places. In English, they often have a small word in front of them (*the*, *a*, *this*, *my*, *his*, etc.). In German, all nouns start with a capital letter.

A Finde die Nomen.
a This T-shirt is mine.
b My brother is eating my chocolates!
c The CD is very expensive.
d Julie is going to the supermarket with her father.
e My new bike is red.

B Finde die Nomen auf Deutsch.
a Das ist ein Lehrer.
b Hast du ein Buch?
c Thomas kauft die Postkarte.
d Die Katze trinkt die Milch.
e Der Pullover ist sehr schön.

1.1 Masculine, feminine or neuter?
All German nouns are either masculine, feminine or neuter. To tell if a noun is masculine, feminine or neuter, look at the word in front:

	masculine nouns	feminine nouns	neuter nouns
the	der Bruder	die Schwester	das Kind
a/an	ein Bruder	eine Schwester	ein Kind

Important! Every time you learn a new noun, make sure you know whether it is masculine, feminine or neuter.

Don't learn:	Haus	X
Learn:	das Haus	✓

C 🆆◼ der, die oder das?
Beispiel: *das Haus*

Stadt Hund T-Shirt
Hobby Großmutter
Kirche Filzstift Käse
Haus

D der/die/das ➡ ein/eine/ein.
Füll die Lücken aus.
a der Tisch ➡ *ein* _____ Tisch
b _____ Rad ➡ ein Rad
c die Banane ➡ _____ Banane
d _____ Bus ➡ ein Bus
e das Brötchen ➡ _____ Brötchen
f _____ Tasche ➡ eine Tasche

1.2 Singular or plural?
Most English nouns add *-s* to make them plural (when talking about more than one):

the dog ➡ the dogs
the teacher ➡ the teachers

German nouns form their plural endings in lots of different ways, although the plural word for *the* is always *die*:

der Film ➡ die Filme
die Banane ➡ die Bananen
das Auto ➡ die Autos
die Wurst ➡ die Würste
das Buch ➡ die Bücher
das Zimmer ➡ die Zimmer

Important! Each time you learn a new noun, try to learn its plural too.

E 🆆◼ Finde den Singular für die Plurale.
a die Bleistifte — der *Bleistift*
b die Häuser — das _____
c die Brötchen — das _____
d die Schwestern — die _____
e die Taschen — die _____
f die Pizzas — die _____

2 Cases *die Fälle*

Cases indicate the part a noun plays in a sentence. Three different cases are used in *Klasse! 1*: nominative, accusative and dative.

2.1 Nominative and accusative
Have you noticed that the endings for *der/die/das* and *ein/eine/ein* sometimes change in a sentence?

*Das ist **der** Bahnhof.*
*Wo finde ich **den** Bahnhof?*

*Das ist **ein** Kuli.*
*Ich habe **einen** Kuli.*

This is because sentences contain subjects and objects. The **subject** of a sentence is the person or thing 'doing' the verb (the action):

subject	verb
Der Hund	*spielt.*
Die Schülerin	*fährt Rad.*

The endings for *der/die/das* and *ein/eine/ein* before a subject never change. We call this the **nominative case**:

	masculine	feminine	neuter	plural
the	der	die	das	die
a	ein	eine	ein	—

The **object** of a sentence is a person or thing affected by the verb. The endings for *der* and *ein* (masculine) change slightly before the object of a sentence – the feminine and neuter endings don't change at all. We call this the **accusative case**.

subject	verb	object
Ich	*habe*	*ein**en** Computer.*
Katja	*hat*	*eine Schwester.*
Tom	*kauft*	*ein Buch.*

In the table below you can see how different cases work:

	subject	verb	object	
masculine words	**Der** Lehrer	hat	**den** Bleistift.	The teacher has the pencil.
	Sven	kauft	**einen** Computer.	Sven buys a computer.
feminine words	**Die** Katze	mag	**die** Maus!	The cat likes the mouse!
	Jasmin	hat	**eine** Katze.	Jasmin has a cat.
neuter words	**Das** Kaninchen	isst	**das** Brot.	The rabbit is eating the bread.
	Sven	kauft	**ein** Buch.	Sven buys a book.
plural words	**Die** Schüler	kaufen	**die** Äpfel.	The pupils buy the apples.

A **Finde die** Subjekte (*subjects*) **und die** Objekte (*objects*).

a I am eating an apple.
b David plays the guitar.
c My sister has a new bike.
d I am buying an ice-cream.
e We drink tea in the morning.
f Have you found my wallet?

B **Finde die** Subjekte (*subjects*) **und die** Objekte (*objects*) **auf Deutsch.**

a Ich habe eine Schwester.
b Tobias isst den Schinken.
c Wir kaufen eine Flasche Limonade.
d Wo finde ich die Bäckerei?
e Ich spiele ein Instrument.
f Katja möchte einen Computer.

C **Du hast im Lotto gewonnen – du gehst einkaufen! Schreib Sätze mit** *Ich kaufe einen/eine/ein …*

Beispiel: Ich kaufe einen Bungalow.

die Katze   das Eiscafé   der Computer   die Stereoanlage

der Fernseher   die Disco   das Schloss

2.2 *mein, dein* and *kein*

Some other words also change their endings if they are used before a masculine object: *mein* (my), *dein* (your) and *kein* (no, not any). However, note that before a feminine or neuter object they remain unchanged:

*Sven hat **meinen** Bleistift.*	Sven has **my** pencil.
*Ich mag **deine** Schwester.*	I like **your** sister.
*Rainer kauft **kein** Eis.*	Rainer does **not** buy an ice-cream.

All these words take the same endings as for *ein/eine/ein* (see summary table in section 2.4).

D **Schreib die Sätze auf Deutsch auf.**
Beispiel: **a** *Wo ist deine Tasche?*

a Where is your bag?
b That is my cat.
c I don't have a pet.
d This is my room.
e How old is your brother?
f Peter hasn't got a computer.

2.3 Dative

The endings for *der/die/das* and *ein/eine/ein* also change after certain prepositions (see section 3: Prepositions). We call this the **dative case**:

*Ich fahre mit **dem** Bus.*
*Tom wohnt in **der** Stadt.*
*Wohnst du in **einem** Dorf?*
*Wir wohnen in **einer** Wohnung.*

2.4 Summary

Here are all the case endings used in *Klasse! 1*:

der/die/das

	masculine	feminine	neuter	plural
nom.	der	die	das	die
acc.	den	die	das	die
dative	dem	der	dem	den

ein/eine/ein

	masculine	feminine	neuter	plural
nom.	ein	eine	ein	—
acc.	einen	eine	ein	—
dative	einem	einer	einem	—

mein; dein; sein; ihr; kein

These all follow the same endings:

	masculine	feminine	neuter	plural
nom.	mein	meine	mein	meine
acc.	mein**en**	meine	mein	meine
dative	mein**em**	mein**er**	mein**em**	mein**en**

3 Prepositions *Präpositionen*

Prepositions are little words like *in*, *on*, *at*, etc. which tell you where someone or something is:

*Ich wohne **in** einem Dorf.*	I live **in** a village.
*Ich komme **aus** der Schweiz.*	I come **from** Switzerland.

Here is a list of all the prepositions you will learn in *Klasse! 1*:

aus	from
in	in/into
mit	with, by (transport)
nach	after
zu	to

Have you noticed that prepositions change the endings of some words like *der/die/das* or *ein/eine/ein* which follow them? The change depends on which preposition is being used: different prepositions take different cases. The chart below will help you to see that there are two groups of prepositions.

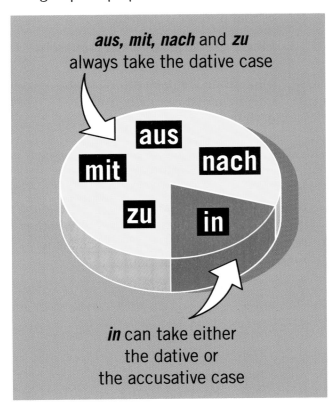

aus, mit, nach and *zu* always take the dative case

aus
mit **nach**
zu **in**

in can take either the dative or the accusative case

In German these shortened forms are also often used:

in dem ➡	**im**	*Ich bin **im** Wohnzimmer.*
		I'm **in the** living room.
in das ➡	**ins**	*Wir gehen **ins** Kino.*
		We're going **to the** cinema.
zu dem ➡	**zum**	*Wie komme ich **zum** Bahnhof?*
		How do I get **to the** station?
zu der ➡	**zur**	*Ich fahre **zur** Schule.*
		I'm going **to** school.

3.1 *in*

in is sometimes followed by the accusative and sometimes by the dative case (see the chart on the left). So how do you know when to use which?

When followed by the accusative, *in* tells you where someone or something is **going** or **moving to**:

*Ich fahre **in die** Stadt.*
I'm going **into** town.

*Ich gehe **in das** Wohnzimmer.*
I'm going **into the** living room.

But when followed by the dative, *in* tells you where someone or something **is already**:

*Ich wohne **in der** Stadt.*
I live **in the** city.

*Ich bin **im** Wohnzimmer.* (**in** + **dem**)
I'm **in the** living room.

*Wir wohnen **in einem** Bungalow.*
We live **in a** bungalow.

A Füll die Lücken aus.

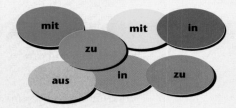

mit   mit   in   zu   aus   in   zu

a Ich bin ___*in*___ der Küche.
b Wir fahren am Samstag _____ einem Konzert.
c Ich spiele _____ Daniel Tennis.
d Marco kommt _____ Österreich.
e Ich fahre_____ dem Bus in die Stadt.
f Susi wohnt _____Wesel.
g Ich bin um acht Uhr _____ Hause.

B Finde die passenden Wörter.

a Der Bus fährt (zur/zum) Bahnhof.
b Kati ist (im/ins) Wohnzimmer.
c Wie komme ich (zum/zur) Disco?
d Ich gehe (im/ins) Hallenbad.
e Ich fahre (zum/zur) Post.
f Der Hund spielt (im/ins) Park.

C Akkusativ oder Dativ?

a Susi fährt in die Stadt.
b Mein Vater ist im Esszimmer.
c Tom wohnt in einer Wohnung.
d Ich bin um acht Uhr in der Schule.
e Wir fahren in die Disco am Markt.
f Ich gehe zu Fuß in den Park.

D Wo wohnen sie? Schreib Sätze.

Beispiel: *Jonas wohnt in einem Doppelhaus.*

Jonas	das Haus
Mein Onkel	die Wohnung
Frau Maier	der Bungalow
Sandra	die Wohnsiedlung
Herr Körner	das Doppelhaus
Alexander	das Dorf

4 Adjectives *Adjektive*

Adjectives are the words we use to describe nouns. Here are some of the adjectives used in *Klasse! 1*:

alt	old
groß	big
interessant	interesting
klein	small
neu	new
schön	nice/beautiful

When the adjective follows a noun it has no additional ending, just as in English:

*Das Sportzentrum ist **neu**.*
The sports centre is **new**.

*Mein Opa ist sehr **alt**.*
My granddad is very **old**.

A Finde die Adjektive.

a Our school is very modern.
b Maths is so boring!
c My brother is really young.
d The cinema is new.
e That jumper is very cheap.

B Finde die Adjektive auf Deutsch.

a Dein Zimmer ist sehr schön.
b Ich finde Deutsch interessant.
c Der Park ist ziemlich groß.
d Meine Schwester ist sehr frech!
e Ich bin gar nicht sportlich.
f Deine Katze ist schwarz und weiß.

However, when the adjective is placed in front of a noun, we need to add an extra ending to it. The ending we add depends on whether the noun being described by the adjective is masculine, feminine or neuter:

m.	*Er ist ein gut**er** Lehrer.*	He's a good teacher.
f.	*Wesel ist eine klein**e** Stadt.*	Wesel is a small town.
n.	*Das ist ein neu**es** Sportzentrum.*	That's a new sports centre.

C **Füll die Lücken aus.**
a Berlin ist eine interessant*e*___ Stadt.
b Das ist ein schön___ T-Shirt.
c Dort ist ein groß___ Park.
d Berne ist ein ziemlich klein___ Dorf.
e Frau Sauer ist eine freundlich___ Lehrerin.
f Ist das ein neu___ Bahnhof?

5 Possessive adjectives
Possessivpronomen

These are adjectives that show who or what something belongs to (*my* dog, *your* book, *her* brother, etc.):

*Das ist **mein** Bruder.*   That is **my** brother.
*Wo ist **dein** Buch?*   Where is **your** book?

They come before the noun they describe, in place of *der/die/das or ein/eine/ein*, for example. Here is a list of all the possessive adjectives used in *Klasse! 1*:

	masculine	feminine	neuter	plural
my	mein	meine	mein	meine
your	dein	deine	dein	deine
his	sein	seine	sein	seine
her	ihr	ihre	ihr	ihre

Like all adjectives, they have to match the noun they describe and they take the same endings as for *ein/eine/ein* (see summary table in section 2.4).

*Das ist **mein** Bleistift.*   That's **my** pencil.
*Er hat **meinen** Bleistift.*   He's got **my** pencil.

*Das ist **ihre** Schwester.*   That's **her** sister.
*Ich mag **ihre** Schwester.*   I like **her** sister.

*Wie alt ist **dein** Haus?*   How old is **your** house?
*Magst du **dein** Haus?*   Do you like **your** house?

Have you noticed that these changes only happen with masculine nouns?

A **Schreib die Sätze auf Deutsch auf.**
Beispiel: *a Meine Mutter ist 34 Jahre alt.*

a My mother is 34.
b Where is your bag, Sam?
c Those are his pets.
d Tina shares her room.

6 Pronouns *Pronomen*

A pronoun is a small word which is used instead of a noun or a name:

***Ich** heiße Tom.*   **I** am called Tom.
***Er** wohnt in Bremen.*   **He** lives in Bremen.
***Sie** ist zwölf Jahre alt.*   **She** is 12 years old.

Here is a list of all the German pronouns for people and things used in *Klasse! 1*:

ich	I
du	you (informal)
er/sie/es	he/she/it
man	one
wir	we
sie	they
Sie	you (formal)

Have you noticed that there are three pronouns all called *sie*? They all sound the same, but they have different meanings:

sie (with a small 's') can mean *she* or *they*. You'll be able to tell the difference, because the verb form will show whether *sie* is singular (*she*) or plural (*they*):

*Wo wohnt **sie**?*   Where does **she** live?
*Wo wohnen **sie**?*   Where do **they** live?

Sie (with a capital 'S') is the polite form of *you*; you use it when you're talking to adults, strangers and in formal situations:

*Haben **Sie** einen Bleistift, bitte?*   Do **you** have a pencil, please?

du is the informal form of *you;* you use this when talking to friends, family, children or animals:

Wie alt bist du?   How old are **you**?
Hast du eine Schwester?   Do **you** have a sister?

man is often used in German and can mean *one, you, they* or *we:*

Man *kauft Obst im Supermarkt.*
You buy fruit at the supermarket.

Wie kommt man zum Bahnhof?
How does **one** get to the station?

Man spricht in Österreich Deutsch.
They speak German in Austria.

A Finde die passenden Pronomen (*pronouns*).

  a Wie alt ist dein Bruder?
      ___*Er*___ ist fünfzehn. (Er/Sie)
  b Wo wohnt Sandra?
      _____ wohnt in Bonn. (Ich/Sie)
  c Was kosten die CDs?
      _____ kosten 10 Mark. (Sie/Es)
  d Wo ist das Rathaus?
      _____ ist dort links. (Es/Sie)
  e Wie heißt du?
      _____ heiße Tom. (Er/Ich)

B Was sagst du? *du* oder *Sie*?

  Beispiel: a du

  a eine Katze
  b Susis Vater
  c ein Pferd
  d deine Lehrerin
  e Susis Großvater
  f deine Oma
  g ein Haustier

7 Verbs *Verben*

Verbs are words that describe what is happening. If you can put *to* in front of a word or *-ing* after it, it is probably a verb:

play   to play   ✓   playing   ✓   = a verb
listen to listen ✓   listening ✓   = a verb
desk   to desk   ✗   desking   ✗   = not a verb
happy   to happy ✗   happying ✗   = not a verb

A Finde die Verben.
  a Tom has a younger sister.
  b I find maths interesting.
  c My father cooks dinner every night.
  d I'm buying a present for my mother.
  e Sarah is swimming in the lake.
  f I'm doing my homework.

B Finde die Verben auf Deutsch.
  a Ich heiße Monika.
  b Wo wohnst du?
  c Wo kauft man Brot?
  d Meine Tante kommt aus Österreich.
  e Ich fahre in die Stadt.
  f Hast du Geschwister?

C Schreib die Verben in Übung B auf Englisch auf.
  Beispiel: a ich heiße = I am called

7.1 The infinitive
Verbs take on many different forms:

I **have** a dog.
Sarah **has** a cat.
They **haven't** any pets.

[W▢] If you want to look up a verb in a dictionary, you won't find all the forms listed. For example, you won't find *has* or *haven't*. You have to look up the infinitive: *to have*.

In German, infinitives are easy to recognize as they always end in *-en* or *-n*.

For example:

*geh**en***	to go
*spiel**en***	to play
*sammel**n***	to collect

D   Schreib die Infinitive auf Englisch auf.

Beispiel: *fahren = to go*

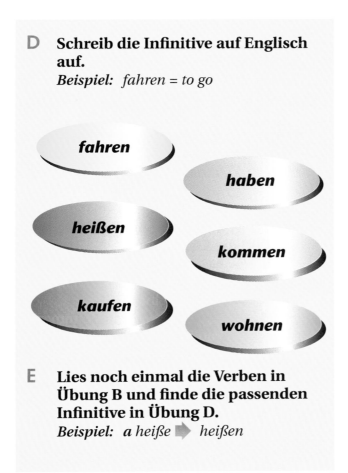

E   Lies noch einmal die Verben in Übung B und finde die passenden Infinitive in Übung D.

Beispiel: **a** *heiße* ➡ *heißen*

7.2 The present tense

The tense indicates when an action takes place. A verb in the present tense describes an action which is taking place now or takes place regularly.

In English there are two present tenses:

I **am playing** football. (now)

I **play** football. (every day)

There is only one present tense in German:

*Ich **spiele** (jetzt) Fußball.*
I **am playing** football.

*Ich **spiele** (jeden Tag) Fußball.*
I **play** football.

7.2.1   Regular verb endings

To describe an action, you need a subject (the person or thing doing the action) and a verb.

Have you noticed that the endings of verbs in English change according to who or what the subject of the sentence is? They change in German too, for the same reason:

I play.	*Ich spiel**e**.*
The dog play**s**.	*Der Hund spiel**t**.*
We play.	*Wir spiel**en**.*

Most German verbs follow the same pattern. They have regular endings. Here is a list of the endings used in *Klasse!1*:

spielen (infinitive)		to play
ich	spiel**e**	I play
du	spiel**st**	you play (informal)
er/sie es/man }	spiel**t**	he/she/it/one plays
wir	spiel**en**	we play
sie	spiel**en**	they play
Sie	spiel**en**	you play (formal)

The endings of verbs are always added to the verb stem – that's the infinitive without its *-(e)n* ending. For example: *spielen – spiel; schwimmen – schwimm*.

Some other verbs which follow the same pattern are:

gehen	to go
kaufen	to buy
machen	to do
trinken	to drink
wohnen	to live

F   Füll die Lücken aus.

a Wir mach___*en*___ Salat.
b Katja mach_____ Hausaufgaben.
c Wo wohn_____ du?
d Ich wohn_____ in Wesel.
e Mein Vater kauf_____ Obst und Gemüse.
f Wo kauf_____ Sie Wurst?

7.2.2 Irregular verb endings

Some common verbs do not follow this regular pattern. These are *irregular verbs*, and they change their endings, as well as their stem, in the *du* and the *er/sie/es* form. You'll need to learn them by heart.

Here are three examples of common irregular verbs:

fahren – to go	lesen – to read	essen – to eat
ich fahre	ich lese	ich esse
du fährst	du liest	du isst
er/sie/es fährt	er/sie/es liest	er/sie/es isst
a ➡ ä	e ➡ ie	e ➡ i

7.2.3 *haben* (to have) and *sein* (to be)

In German, as in English, *haben* (to have) and *sein* (to be) don't follow the pattern of any other verbs, so you'll need to learn them by heart. Here is a list of their present tense verb forms used in *Klasse! 1*:

haben	sein
ich habe	ich bin
du hast	du bist
er/sie/es hat	er/sie/es ist
wir haben	wir sind
sie haben	sie sind
Sie haben	Sie sind

G **Beantworte die Fragen.**
Beispiel: ***a** Ja, ich fahre mit dem Rad.*
Aber Jan ...

a
> Fährst du mit dem Rad zur Schule?

> Ja, ich _____ mit dem Rad. Aber Jan _____ mit dem Bus.

b
> Was liest du?

> Ich _____ die Zeitung, und Kati _____ ein Buch.

c
> Was isst du?

> Ich _____ ein Eis mit Sahne. Sandra _____ ein Schokoladeneis.

d
> Wie fahre ich am besten zum Bahnhof?

> Du _____ am besten mit dem Bus.

H *habe, hast, hat* oder *haben*? **Füll die Lücken aus.**
a Wir _haben_ Hunger!
b Ich _____ einen Wellensittich.
c _____ du ein Lineal?
d Meike _____ ein eigenes Zimmer.
e Frau Pauli, _____ Sie einen Bleistift, bitte?

I *bin, bist, ist* oder *sind*? **Kopiere Lisas Brief und füll die Lücken aus.**

sind		ist		sind	
ist	bin		bist		ist

Ich _bin_ 13 Jahre alt. Meine Geschwister

_____ furchtbar! Mein Bruder _____

sehr frech und meine Schwester _____

sehr faul! Wie _____ dein Bruder? Und

wie _____ deine Schwestern?

Wie alt _____ du?

7.3 The imperative

The imperative is the form of the verb you use when you want to give someone an instruction:

Turn left.
Listen carefully.
Eat more fruit.

- When giving an instruction to someone you normally say *du* to (friends, family, children or pets), use the *du* form without the *du* and the *-st* ending and start with the verb:

***Du gehst** geradeaus.* ➡	***Geh** geradeaus.*
You go straight on.	**Go** straight on.

***Du nimmst** die erste Straße links.* ➡	***Nimm** die erste Straße links.*
You take the first road on the left.	**Take** the first road on the left.

- When giving an instruction to someone you normally say *Sie* to (strangers and adults), use the *Sie* form with the *Sie* and start with the verb:

***Sie gehen** geradeaus.* ➡	***Gehen Sie** geradeaus.*
You go straight on.	**Go** straight on.

***Sie nehmen** die erste Straße links.* ➡	***Nehmen** Sie die erste Straße links.*
You take the first road on the left.	**Take** the first road on the left.

J **Schreib die Sätze richtig auf.**

Beispiel: a Nimm die Linie 10.

a die/Nimm/Linie/10/.
b erste/Nehmen/Straße/Sie/die/links/
c deine/Hausaufgaben/Mach/.
d die/Straße/Nimm/rechts/zweite/.
e links/Gehen/Sie/.

K **Schreib neue Sätze.**

Beispiel: a Du gehst zum Bahnhof.
➡ *Geh zum Bahnhof.*

a Du gehst zum Bahnhof.
b Sie nehmen die Linie 2.
c Sie gehen geradeaus.
d Du nimmst die zweite Straße links.
e Du gehst zur Bushaltestelle.
f Sie nehmen die erste Straße rechts.

7.4 Talking about the past: the perfect tense

If you want to describe something that has happened in the past (yesterday or last weekend, for example), you use the past tense:

I **played** tennis yesterday.
We **went** to the cinema last weekend.

In German, the past tense is called the perfect tense (*das Perfekt*).

7.4.1 The perfect tense using *haben*

To form the perfect tense, you normally use the present tense of the verb *haben* and the past participle of the main verb. The past participle usually starts with *ge-* and ends with *-t* and it always goes at the end of the sentence:

	main verb			*haben*		past participle	
Ich	spiele	Tennis.	Ich	habe	Tennis	gespielt.	I played tennis.
Du	machst	Pizza.	Du	hast	Pizza	gemacht.	You made pizza.
Wir	kaufen	Eis.	Wir	haben	Eis	gekauft.	We bought ice-cream.

L Füll die Lücken aus.
a Ich habe eine CD *gekauft* .
b Was ___ du am Wochenende gemacht?
c Ich habe Nudelsalat ___ .
d Wir ___ Musik gehört.
e Ich habe Fußball ___ .
f Wir ___ Mittagessen gemacht.

gespielt   hast   haben
gekauft   haben   gemacht

M Lies das Tagebuch und schreib es im Perfekt auf.
Beispiel: Ich habe Frühstück gemacht.

> Ich mache Frühstück.
>
> Ich spiele Tennis.
>
> Ich kaufe ein T-Shirt.
>
> Ich höre Musik.
>
> Ich tanze in der Disco!

7.4.2 The perfect tense using *sein*

A small number of irregular verbs use *sein* instead of *haben*. Their past participles are also irregular: they still start with *ge-*, but the rest does not follow the same pattern. You will need to learn these irregular past participles by heart.

Verbs which use *sein* are mainly verbs expressing movement or change (*to go*, *to travel*, for example). Here are some examples:

N Finde die passenden Verbformen.
a Ich (habe/bin) ein Eis gekauft.
b Wir (sind/haben) in die Stadt gefahren.
c Wir (haben/sind) Musik gehört.
d Ich (bin/habe) ins Kino gegangen.
e Wir (haben/sind) Basketball gespielt.
f Ich (habe/bin) Skateboard gefahren.

	main verb			*sein*		past participle	
Ich	fahre	mit dem Rad.	Ich	bin	mit dem Rad	gefahren.	I went by bike.
Wir	gehen	zu Fuß.	Wir	sind	zu Fuß	gegangen.	We went on foot.
Du	fährst	in die Stadt.	Du	bist	in die Stadt	gefahren.	You went into town.

8 Negatives *Negationen*

8.1 nicht

nicht means *not* and always goes directly after the verb:

*Ich bin **nicht** faul.*
I'm **not** lazy.

*Ich gehe **nicht** ins Hallenbad.*
I'm **not** going to the swimming pool.

*Tom isst **nicht** gern Käse.*
Tom does **not** like eating cheese.

A **Schreib neue Sätze mit *nicht*.**
*Beispiel: **a** Das ist nicht billig!*

a Das ist billig!
b Susi ist frech.
c Mein Zimmer ist groß.
d Mathe ist sehr interessant.
e Ich fahre in die Stadt.

8.2 kein/keine/kein

In German you cannot use *nicht* with *ein/eine/ein*. Instead, you use *kein/keine/kein* which means *no, not a, not any*. It is followed by a noun and follows the pattern of *ein/eine/ein* (see summary table in section 2.4):

*Ich habe **keinen** Bleistift.*
I **do not** have **a** pen.

*Ich trinke **keine** Milch.*
I **do not** drink milk.

*Ich esse **kein** Fleisch.*
I **do not** eat **any** meat.

*Ich habe **keine** Geschwister.*
I **do not** have **any** brothers or sisters.

B ***keinen, keine* oder *kein*?**
Füll die Lücken aus.
a Ich habe am Sonntag <u>*keine*</u> Schule.
b Sandra hat _____ eigenes Zimmer.
c Ich esse _____ Käse und ich trinke _____ Milch.
d Wesel hat _____ Schloss.
e Ich habe _____ Spitzer.

---

9 Word order *Wortstellung*

Sentences usually start with the subject (the person or thing doing the action). The verb is the second piece of information:

*Ich **wohne** in Bremen.*
I **live** in Bremen.

*Meine Schwester **spielt Tennis**.*
My sister **plays** tennis.

9.1 Time – manner – place

When a sentence contains several pieces of information, the order that they must take is time – manner – place:

	time	manner	place
*Ich **fahre***	*heute*	*mit dem Bus*	*in die Stadt.*

- an expression of time could be:
  um vier Uhr, am Montag, abends

- an expression of manner could be:
  mit dem Bus, zu Fuß, mit Tom

- an expression of place could be:
  in die Stadt, zur Schule, zum Bahnhof

Even if only two types of information are present, the word order still remains the same:

*Wir **fahren** mit dem Bus **zum Park**.*

*Wir **fahren** heute mit dem Bus.*

A **Schreib neue Sätze.**
*Beispiel: **a** Ich fahre am Nachmittag mit dem Bus zum Bahnhof.*

a Ich fahre mit dem Bus zum Bahnhof. (am Nachmittag)
b Wir gehen morgens zur Schule. (zu Fuß)
c Susi fährt am Sonntag in die Stadt. (mit dem Zug)
d Ich fahre mit dem Rad zum Park. (um drei Uhr)
e Wir fahren mit der U-Bahn zur Disco. (abends)
f Ich fahre jeden Morgen zum Hallenbad. (mit dem Rad)

Sometimes you may want to stress the time element. You can do this by putting this piece of information at the beginning of the sentence. However, the subject and verb must then be swapped round so that the verb is still the second piece of information:

Am Samstag gehe ich in die Stadt.
I'm going into town **on Saturday**.

Abends sehe ich fern.
I watch TV **in the evenings**.

10 Asking questions *Fragen*

You can ask questions in two ways:

- by putting the verb of the sentence first:

*Du **wohnst** in Berlin.* ➡ ***Wohnst** du in Berlin?*
You live in Berlin.   Do you live in Berlin?

*Berlin **ist** groß.* ➡ ***Ist** Berlin groß?*
Berlin is big.   Is Berlin big?

- by using a question word at the beginning of the sentence:

***Wie** heißt du?* **What** is your name?

***Wer** ist das?* **Who** is that?

When you use a question word, the verb must be the second piece of information.

Here is a list of all the question words in *Klasse! 1*:

Wann?	When?	***Wann** fährt der nächste Bus?*
Was?	What?	***Was** ist das?*
Welcher/-e/-es?	Which?	***Welcher** Bus fährt zum Bahnhof?*
Wer?	Who?	***Wer** ist das?*
Wie?	How?	***Wie** alt bist du?*
Wie viel?	How much?	***Wie viel** Geld hast du?*
Wo?	Where?	***Wo** wohnst du?*
Woher?	Where from?	***Woher** kommst du?*

B **Schreib neue Sätze.**
Beispiel: *a Am Samstag habe ich keine Schule.*
a Ich habe <u>am Samstag</u> keine Schule.
b Wir machen <u>am Sonntag</u> ein Picknick.
c Wir haben <u>am Dienstag</u> Deutsch.
d Ich höre <u>abends</u> Musik.
e Ich fahre <u>um 15 Uhr</u> in die Stadt.
f Wir gehen <u>am Wochenende</u> ins Kino.

A **Bilde Fragen mit den Sätzen.**
Beispiel:
a Hast du Geschwister?

a Du hast Geschwister.
b Susi mag Sport.
c Wir fahren in die Stadt.
d Sie haben einen Filzstift.
e Der Hund ist groß.
f Die Lehrer sind freundlich.

B **Bilde Fragen mit den passenden Fragewörtern.**
Beispiel:
1 Wann haben wir Mathe?

1 Wann	a wohnst du?
2 Was	b ist das?
3 Welcher	c essen wir zum Frühstück?
4 Wer	d heißt du?
5 Wie	e kostet die CD?
6 Wie viel	f haben wir Mathe?
7 Wo	g T-Shirt kaufst du?

Answers to grammar activities

Grammatik

1 Nouns

A a T-shirt; **b** brother, chocolates; **c** CD; **d** Julie, supermarket, father; **e** bike

B a Lehrer; **b** Buch; **c** Thomas, Postkarte; **d** Katze, Milch; **e** Pullover

C

der	die	das
Filzstift	Großmutter	Haus
Hund	Kirche	Hobby
Käse	Stadt	T-Shirt

D
a der Tisch → **ein** Tisch
b **das** Rad → ein Rad
c die Banane → **eine** Banane
d **der** Bus → ein Bus
e das Brötchen → **ein** Brötchen
f **die** Tasche → eine Tasche

E a der Bleistift; **b** das Haus; **c** das Brötchen; **d** die Schwester; **e** die Tasche; **f** die Pizza

2 Cases

A
a I am eating an apple.
b David plays the guitar.
c My sister has a new bike.
d I am buying an ice-cream.
e We drink tea in the morning.
f Have you found my wallet?

B
a Ich habe eine Schwester.
b Tobias isst den Schinken.
c Wir kaufen eine Flasche Limonade.
d Wo finde ich die Bäckerei?
e Ich spiele ein Instrument.
f Katja möchte einen Computer.

C Ich kaufe ... eine Katze; ein Eiscafé; einen Computer; eine Stereoanlage; einen Fernseher; eine Disco; ein Schloss

D
a Wo ist deine Tasche?
b Das ist meine Katze.
c Ich habe kein Haustier.
d Das ist mein Zimmer.
e Wie alt ist dein Bruder?
f Peter hat keinen Computer.

3 Prepositions

A a in; **b** zu; **c** mit; **d** aus; **e** mit; **f** in; **g** zu

B a zum; **b** im; **c** zur; **d** ins; **e** zur; **f** im

C Akkusativ: a, e, f
Dativ: b, c, d

D in einem Haus; in einer Wohnung; in einem Bungalow; in einer Wohnsiedlung; in einem Doppelhaus; in einem Dorf

4 Adjectives

A a modern; **b** boring; **c** young; **d** new; **e** cheap

B a schön; **b** interessant; **c** groß; **d** frech; **e** sportlich; **f** schwarz, weiß

C a interessante; **b** schönes; **c** großer; **d** kleines; **e** freundliche; **f** neuer

5 Possessive adjectives

A
a Meine Mutter ist 34 Jahre alt.
b Wo ist deine Tasche, Sam?
c Das sind seine Haustiere.
d Tina teilt ihr Zimmer.

hundertneunundvierzig **149**

6 Pronouns

A a Er; b Sie; c Sie; d Es; e Ich

B a du; b Sie; c du; d Sie; e Sie; f du; g du

7 Verbs

A a Tom **has** a younger sister.
 b I **find** maths interesting.
 c My father **cooks** dinner every night.
 d I **am buying** a present for my mother.
 e Sarah **is swimming** in the lake.
 f I **am doing** my homework.

B a Ich **heiße** Monika.
 b Wo **wohnst** du?
 c Wo **kauft** man Brot?
 d Meine Tante **kommt** aus Österreich.
 e Ich **fahre** in die Stadt.
 f **Hast** du Geschwister?

C a ich heiße = I am called
 b du wohnst = you live
 c man kauft = one (you) buys
 d meine Tante kommt = my aunt comes
 e ich fahre = I go
 f du hast = you have

D fahren – to go; haben – to have;
 heißen – to be called; kaufen – to buy;
 kommen – to come; wohnen – to live

E a heiße – heißen; b wohnst – wohnen;
 c kommt – kommen; d kauft – kaufen;
 e fahre – fahren; f hast – haben

F a machen; b macht; c wohnst; d wohne;
 e kauft; f kaufen

G a Ja, ich **fahre** mit dem Rad. Aber Jan **fährt** mit dem Bus.
 b Ich **lese** die Zeitung und Kati **liest** ein Buch.
 c Ich **esse** ein Eis mit Sahne. Sandra **isst** ein Schokoladeneis.
 d Du **fährst** am besten mit dem Bus.

H a haben; b habe; c Hast; d hat; e haben

I Ich **bin** 13 Jahre alt. Meine Geschwister **sind** furchtbar! Mein Bruder **ist** sehr frech und meine Schwester **ist** sehr faul! Wie **ist** dein Bruder? Und wie **sind** deine Schwestern? Wie alt **bist** du?

J a Nimm die Linie 10.
 b Nehmen Sie die erste Straße links.
 c Mach deine Hausaufgaben.
 d Nimm die zweite Straße rechts.
 e Gehen Sie links.

K a Geh zum Bahnhof.
 b Nehmen Sie die Linie 2.
 c Gehen Sie geradeaus.
 d Nimm die zweite Straße links.
 e Geh zur Bushaltestelle.
 f Nehmen Sie die erste Straße links.

L a gekauft; b hast; c gemacht; d haben;
 e gespielt; f haben

M Ich habe Frühstück gemacht.
 Ich habe Tennis gespielt.
 Ich habe ein T-Shirt gekauft.
 Ich habe Musik gehört.
 Ich habe in der Disco getanzt!

N a habe; b sind; c haben; d bin; e haben;
 f bin

8 Negatives

A **a** Das ist nicht billig!
    b Susi ist nicht frech.
    c Mein Zimmer ist nicht groß.
    d Mathe ist nicht sehr interessant.
    e Ich fahre nicht in die Stadt.

B **a** keine; **b** kein; **c** keinen, keine; **d** kein;
    e keinen

9 Word order

A **a** Ich fahre am Nachmittag mit dem Bus
      zum Bahnhof.
    b Wir gehen morgens zu Fuß zur Schule.
    c Susi fährt am Sonntag mit dem Zug in
      die Stadt.
    d Ich fahre um drei Uhr mit dem Rad zum
      Park.
    e Wir fahren abends mit der U-Bahn zur
      Disco.
    f Ich fahre jeden Morgen mit dem Rad
      zum Hallenbad.

B **a** Am Samstag habe ich keine Schule.
    b Am Sonntag machen wir ein Picknick.
    c Am Dienstag haben wir Deutsch.
    d Abends höre ich Musik.
    e Um 15 Uhr fahre ich in die Stadt.
    f Am Wochenende gehen wir ins Kino.

10 Asking questions

A **a** Hast du Geschwister?
    b Mag Susi Sport?
    c Fahren wir in die Stadt?
    d Haben Sie einen Filzstift?
    e Ist der Hund groß?
    f Sind die Lehrer freundlich?

B 1 f; 2 c; 3 g; 4 b; 5 d; 6 e; 7 a

Hilfreiche Ausdrücke

Greetings

Hello	*Hallo!*
Good day	*Guten Tag!*
Good morning	*Guten Morgen!*
Good evening	*Guten Abend!*
Good night	*Gute Nacht!*
Goodbye	*Tschüs! (informal)*
	Auf Wiedersehen!

Months — *die Monate*

January	*Januar*
February	*Februar*
March	*März*
April	*April*
May	*Mai*
June	*Juni*
July	*Juli*
August	*August*
September	*September*
October	*Oktober*
November	*November*
December	*Dezember*

Days — *die Wochentage*

Monday	*Montag*
Tuesday	*Dienstag*
Wednesday	*Mittwoch*
Thursday	*Donnerstag*
Friday	*Freitag*
Saturday	*Samstag*
Sunday	*Sonntag*

Numbers

1	eins
2	zwei
3	drei
4	vier
5	fünf
6	sechs
7	sieben
8	acht
9	neun
10	zehn
11	elf
12	zwölf
13	dreizehn
14	vierzehn
15	fünfzehn
16	sechzehn
17	siebzehn
18	achtzehn
19	neunzehn
20	zwanzig
21	einundzwanzig
22	zweiundzwanzig
23	dreiundzwanzig
24	vierundzwanzig
25	fünfundzwanzig
26	sechsundzwanzig
27	siebenundzwanzig
28	achtundzwanzig
29	neunundzwanzig
30	dreißig
40	vierzig
50	fünfzig
60	sechzig
70	siebzig
80	achtzig
90	neunzig
100	hundert
200	zweihundert
300	dreihundert
400	vierhundert
500	fünfhundert
600	sechshundert
700	siebenhundert
800	achthundert
900	neunhundert
1000	tausend

The time   *die Uhrzeit*

What time is it?	Wie spät ist es?
	Wie viel Uhr ist es?
It is ...	Es ist ...

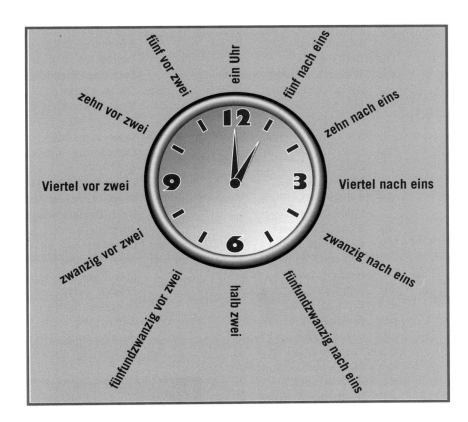

Es ist Mittag.

Es ist Mitternacht.

The 24-hour clock

Vokabular

A

der **Abend(-e)** evening
am Freitagabend on Friday evening
das **Abendessen(-)** dinner, evening meal
abends in the evening
aber but
acht eight
achtzehn eighteen
achtzig eighty
die **Adresse(-n)** address
allein alone
alles everything
das **Alphabet** alphabet
also therefore, so ... , well ...
alt old
anderer/andere/anderes other
die **Antwort(-en)** answer
der **Antwortbrief(-e)** letter in reply
antworten to answer
die **Anzeige(-n)** advertisement
der **Apfel (Äpfel)** apple
der **Apfelsaft(-säfte)** apple juice
April April
der **Artikel(-)** article
auch also
auf on
der **Aufkleber(-)** sticker
auf Wiedersehen goodbye
August August
aus from, out of
ausfüllen to fill out, complete (form)
die **Austauschschule(-n)** exchange school
das **Auto(-s)** car

B

das **Baby(-s)** baby
backen to bake
die **Bäckerei(-en)** baker's (shop)
das **Badezimmer(-)** bathroom
der **Bahnhof(-höfe)** railway station
die **Banane(-n)** banana

die **Band(-s)** band, group
die **Bank(-en)** bank
Basketball basketball
beantworten to answer (questions)
der **Becher(-)** carton
beginnen to begin, start
beschreiben to describe
am **besten** best of all
besuchen to visit
das **Bett(-en)** bed
das **Bild(-er)** picture
billig cheap
ich **bin** I am
Biologie biology
bis until
du **bist** you are
bitte please
blau blue
der **Bleistift(-e)** pencil
blöd stupid, silly
die **Bluse(-n)** blouse
die **Bohne(-n)** bean
brauchen to need
braun brown
die **Broschüre(-n)** brochure
das **Brot(-e)** bread
das **Brötchen(-)** bread roll
der **Bruder (Brüder)** brother
das **Buch (Bücher)** book
der **Bungalow(-s)** bungalow
der **Bus(-se)** bus
der **Busbahnhof(-höfe)** bus station
die **Bushaltestelle(-n)** bus stop
die **Butter** butter

C

der **Cartoon(-s)** cartoon
die **CD(-s)** CD
Chemie chemistry
die **Chips** (*pl.*) crisps
die **Cola(-s)** cola
der **Computer(-)** computer
das **Computerspiel(-e)** computer game
die **Currywurst(-würste)** curry sausage with spicy ketchup

D

danach afterwards
danke thank you

dann then
was **darf es sein?** can I help you?, what will it be?
dazugeben to add
dein/deine/dein your
der/die/das the
deutlich clearly
Deutsch German
Deutschland Germany
Dezember December
der **Dialog(-e)** dialogue
Dienstag Tuesday
die **Disco(-s)** disco
der **Dokumentarfilm(-e)** documentary
der **Dom** cathedral
Donnerstag Thursday
doof silly
das **Doppelhaus(-häuser)** semi-detached house
das **Dorf (Dörfer)** village
dort there
die **Dose(-n)** can, tin
du bist **dran** it's your turn
drei three
dreißig thirty
dreizehn thirteen
dritte third
du you (*sing., informal*)
die **Dusche(-n)** shower

E

das **Ei(-er)** egg
eigener/eigene/eigenes own
ein/eine/ein a/an
das **Einfamilienhaus(-häuser)** detached house
einkaufen to shop
die **Einkaufsliste(-n)** shopping list
einmal pro Woche once a week
eins one
das **Einzelkind(-er)** only child
das **Eis(-)** ice-cream
das **Eiscafé(-s)** ice-cream parlour/café
die **Eisdiele(-n)** ice-cream parlour/shop
der **Eiskaffee(-s)** iced coffee
die **Eissorte(-n)** ice-cream flavour
die **E-Mail(-s)** e-mail
elf eleven

die **Eltern** (*pl.*) parents
England England
Englisch English
Entschuldigung excuse me
er he
die **Erbse(-n)** pea
die **Erdbeere(-n)** strawberry
das **Erdgeschoss** ground floor
Erdkunde geography
ernst serious
erster/erste/erstes first
der **Erwachsene(-n)** adult
es it
es gibt there is/there are
essen to eat
das **Essen(-)** food, meal
das **Esszimmer(-)** dining room
etwas something
der **Euro(-s)** Euro (*unit of currency*)

F

das **Fach (Fächer)** subject
fahren to go, travel, drive
die **Fahrkarte(-n)** ticket
falsch wrong, incorrect
die **Familie(-n)** family
fantastisch fantastic
die **Farbe(-n)** colour
faul lazy
Februar February
der **Fehler(-)** mistake
fernsehen to watch television
der **Fernseher(-)** television
das **Fernsehprogramm(-e)** TV listings
fertig finished, ready
der **Filzstift(-e)** felt-tipped pen
finden to find
der **Fisch(-e)** fish
fit fit
die **Flasche(-n)** bottle
das **Fleisch** meat
fleißig hard-working
das **Flugzeug(-e)** aeroplane
das **Foto(-s)** photo
die **Frage(-n)** question

der **Fragebogen(-bögen)** questionnaire
fragen to ask
Französisch French
die **Frau(-en)** woman, Mrs/Ms
frech cheeky, naughty
frei free
Freitag Friday
der **Freizeitpark(-s)** theme/leisure park
der **Freund(-e)** male friend
die **Freundin(-nen)** female friend
freundlich friendly
das **Fruchteis** fruit-flavoured ice-cream
der **Frühling** spring
das **Frühstück(-e)** breakfast
der **Füller(-)** fountain pen
fünf five
fünfzehn fifteen
fünfzig fifty
furchtbar terrible
zu **Fuß** on foot
Fußball football

G

ganz quite
gar nicht not at all
die **Garage(-n)** garage
der **Garten (Gärten)** garden
die **Gasse(-n)** lane
darüber **geben** to place/scatter over
der **Geburtstag(-e)** birthday
das **Gedächtnisspiel(-e)** memory game
gehen to go
gelb yellow
das **Geld** money
das **Gemüse** vegetables
der **Gemüseburger(-)** vegetable burger
der **Gemüseladen(-läden)** greengrocer's shop
geradeaus straight ahead
gern
ich lese gern I like reading
das **Geschäft(-e)** shop
das **Geschenk(-e)** present, gift
Geschichte history

das **Geschwister** (*pl.*) brothers and sisters
gestern yesterday
Golf golf
das **Gramm** gram
grau grey
groß large, big
Großbritannien Great Britain
die **Großeltern** (*pl.*) grandparents
die **Großmutter(-mütter)** grandmother
der **Großvater(- väter)** grandfather
grün green
gut good
gute Nacht good night
guten Abend good evening
guten Appetit! enjoy your meal!
guten Morgen good morning
guten Tag good day

H

haben to have
das **Hähnchen(-)** chicken
der **Halbbruder(-brüder)** half-brother
die **Halbschwester(-n)** half-sister
das **Hallenbad** indoor swimming pool
hallo hello
der **Hamster(-)** hamster
du **hast** you have (*sing.*)
er/sie/es **hat** he/she/it has
das **Haus (Häuser)** house
die **Hausaufgabe(-n)** homework
die **Hausnummer(-n)** house number
das **Haustier(-e)** pet
das **Heft(-e)** exercise book
heiß hot
heißen to be called
helfen to help
das **Hemd(-en)** shirt
der **Herbst** autumn
Herr Mr
herzlichen Glückwunsch zum Geburtstag Happy Birthday!

heute today
hier here
die Hilfe help
die Himbeere(-n) raspberry
hin und zurück
return (*ticket*)
das Hobby(-s) hobby
der Honig honey
hören to hear
die Hose(-n) trousers
der Hund(-e) dog
hundert hundred

I

ich I
ihr/ihre/ihr her
im (in dem) in
im Osten in the East
im Wohnzimmer
in the living room
die Imbissbude(-n) snack
bar
in in
Informatik information
technology
ins into
ins Kino to the cinema
das Instrument(-e) (musical)
instrument
intelligent intelligent
interessant interesting
das Interesse(-n) interest
das Internet Internet
im Internet surfen
to surf the Internet
das Interview(-s) interview
er/sie/es ist he/she/it is
Italien Italy

J

ja yes
die Jacke(-n) jacket
das Jahr(-e) year
Januar January
die Jeans(-) jeans
jeder/jede/jedes every
jetzt now
der Jogurt(-) yoghurt
das Jogurteis(-) frozen
yoghurt ice-cream
die Jugendlichen (*pl.*)
young people

das Jugendzentrum(-zentren)
youth centre
Juli July
jung young
der Junge(-n) boy
Juni June

K

der Kaffee(-s) coffee
der Kakao(-s) cocoa, hot
chocolate
kalt cold
das Kaninchen(-) rabbit
kannst du … ?
can you … ?
die Karotte(-n) carrot
die Karte(-n) card, map
die Kartoffel(-n) potato
der Kartoffelsalat(-e) potato
salad
der Käse(-) cheese
der Kassenzettel(-) receipt
die Katze(-n) cat
kaufen to buy
das Kaufhaus(-häuser)
department store
kein/keine/kein not any,
none
der Keller(-) cellar
das Kilo(-s) kilo(gram)
das Kind(-er) child
das Kino(-s) cinema
die Kirche(-n) church
die Kirsche(-n) cherry
die Klasse(-n) class
das Klassenzimmer(-)
classroom
der Kleiderschrank(-schränke)
wardrobe
klein small
kochen to cook
kommen to come
können to be able to,
can
das Konzert(-e) concert
kopieren to copy
korrigieren to correct
kosten to cost
die Küche(-n) kitchen
der Kuchen(-) cake
der Kühlschrank(-schränke)
fridge
der Kuli(-s) ballpoint pen,
biro
Kunst art

L

die Lampe(-n) lamp
auf dem Land in the country
langweilig boring
laut loud, noisy
das Lebensmittelgeschäft(-e)
grocer's (shop)
lecker tasty, 'yummy'
der Lehrer(-) male teacher
die Lehrerin(-nen) female
teacher
leider unfortunately
leise quiet
lesen to read
das Lieblingsessen(-)
favourite food
das Lieblingsfach(-fächer)
favourite subject
das Lieblingshobby(-s)
favourite hobby
die Lieblingssendung(-en)
favourite programme
der Lieblingsstar(-s) favourite
star
das Lieblingstier(-e)
favourite animal
am liebsten
ich sehe am liebsten
I like watching … most
of all
die Limonade(-n) lemonade
das Lineal(-e) ruler
die Linie(-n) route, line
das Lotto(-s) lottery
die Lücke(-n) gap
lustig funny

M

machen to make, do
das Mädchen(-) girl
ich mag I like
das Magazin(-e) magazine
die Mahlzeit(-en) meal
Mahlzeit! enjoy your
meal
Mai May
die Majonäse(-n)
mayonnaise
man one, you
manchmal sometimes
der Markt (Märkte) market

der **Marktplatz(-plätze)** market place
die **Marmelade(-n)** jam
März March
Mathe maths
die **Maus (Mäuse)** mouse
das **Meerschweinchen(-)** guinea pig
mein/meine/mein my
meistens usually, mainly
die **Metzgerei(-en)** butcher's (shop)
die **Milch** milk
mit with
kommst du mit? would you like to come?
der **Mittag(-e)** midday
das **Mittagessen(-)** lunch, midday meal
Mittwoch Wednesday
ich **möchte** I would like
die **Mode(-n)** fashion
modern modern
mögen to like
das **Mokkaeis** coffee ice-cream
der **Monat(-e)** month
Montag Monday
morgen tomorrow
der **Morgen(-)** morning
am Dienstagmorgen on Tuesday morning
morgens in the morning
das **Museum (Museen)** museum
Musik music
die **Musiksendung(-en)** music programme
musikalisch musical
das **Müsli(-)** muesli
die **Mutter (Mütter)** mother
die **Mütze(-n)** hat, cap

N

nach after
der **Nachmittag(-e)** afternoon
am Samstagnachmittag on Saturday afternoon
nachmittags in the afternoon

die **Nachricht(-en)** report, message
die **Nachrichten** (*pl.*) the news (*TV/radio*)
nachschauen to look up
nächster/nächste/nächstes next
der **Name(-n)** name
Naturwissenschaften (*pl.*) science
nehmen to take
nein no
neu new
neun nine
neunzehn nineteen
neunzig ninety
nicht not
nicht wahr? isn't that right?
nichts nothing
noch
sonst noch etwas? anything else?
noch einmal once again
der **Norden** North
normalerweise normally
Notizen machen to make notes
November November
die **Nudeln** (*pl.*) pasta
der **Nudelsalat(-e)** pasta salad
die **Nummer(-n)** number

O

das **Obst** (*sing.*) fruit
der **Obstsaft(-säfte)** fruit juice
oder or
der **Ofen (Öfen)** oven
oft often
Oktober October
die **Oma(-s)** grandma
der **Onkel(-)** uncle
der **Opa(-s)** grandpa
orange orange (*colour*)
die **Orange(-n)** orange (*fruit*)
der **Orangensaft(-säfte)** orange juice
der **Osten** East
Österreich Austria

P

die **Packung(-en)** packet
die **Paprika(-)** green/red pepper
der **Park(-s)** park
der **Partner(-)** male partner
die **Partnerin(-nen)** female partner
passend matching
die **Pause(-n)** break-time
der **Pfefferkuchen(-)** gingerbread
das **Pferd(-e)** horse
der **Pfirsich(-e)** peach
die **Pflaume(-n)** plum
das **Pfund(-e)** pound
Physik physics
das **Picknick(-s)** picnic
der **Pilz(-e)** mushroom
die **Pizza(-s)** pizza
der **Plan (Pläne)** plan
die **Pommes frites** (*pl.*) chips, fries
die **Post** post office
das **Poster(-)** poster
die **Postkarte(-n)** postcard
der **Preis(-e)** price, prize
prima excellent, brilliant
der **Pullover(-)** jumper

R

das **Rad (Räder)** bicycle
der **Radiergummi(-s)** rubber, eraser
das **Radio(-s)** radio
das **Ratespiel(-e)** guessing game
das **Rathaus(-häuser)** town hall
der **Rechner(-)** calculator
das **Regal(-e)** shelf
die **Reihenfolge(-n)** order
das **Reihenhaus(-häuser)** terraced house
der **Reis** rice
reiten to ride (*horses*)
Religion religious studies
das **Resultat(-e)** result
das **Rezept(-e)** recipe
richtig correct, right

der **Rock (Röcke)** skirt
Rollschuh fahren to go
roller-skating
rot red
der **Rucksack(-säcke)**
rucksack

S

der **Saft (Säfte)** juice
sagen to say
die **Sahne** (*sing.*) cream
der **Salat(-e)** salad, lettuce
sammeln to collect
Samstag Saturday
die **Scheibe(-n)** slice
die **Schildkröte(-n)** tortoise
der **Schinken(-)** ham
das **Schlafzimmer(-)**
bedroom
schlecht bad
schließlich finally
Schlittschuh fahren to
go ice-skating
das **Schloss (Schlösser)**
castle
die **Schlüsselwörter** (*pl.*) key
words
der **Schmuck** (*sing.*)
jewellery
schneiden to cut
die **Schokolade(-n)**
chocolate
schön beautiful, nice
schrecklich terribly
schreiben to write
der **Schreibtisch(-e)** desk
die **Schreibwaren** (*pl.*)
stationery
der **Schuh(-e)** shoe
die **Schule(-n)** school
der **Schüler(-)** male pupil
die **Schülerin(-nen)** female
pupil
das **Schulfach(-fächer)**
school subject
die **Schulsachen** (*pl.*) school
things
der **Schultag(-e)** school day
die **Schüssel(-n)** bowl
schwarz black
die **Schweiz** Switzerland
die **Schwester(-n)** sister
schwimmen to swim
sechs six

sechzehn sixteen
sechzig sixty
segeln to sail
sehr very
die **Seifenoper(-n)**
soap opera
sein to be
sein/seine/sein his
die **Seite(-n)** page
die **Sendung(-en)**
programme
September September
die **Serie(-n)** series
sie she/they
Sie you (*sing., polite*)
sieben seven
siebzehn seventeen
siebzig seventy
der **Sieger(-)** winner
wir **sind** we are
Skateboard fahren to go
skateboarding
Ski fahren to go skiing
das **Sofa(-s)** sofa, settee
der **Sommer** summer
Sonntag Sunday
sonst else
sonst noch etwas?
anything else?
das **Souvenir(-s)** souvenir
spannend exciting
der **Spaß** fun
spät
wie spät ist es?
what's the time?
der **Spaziergang(-gänge)**
walk
der **Speiseplan(-pläne)**
menu
spielen to play
der **Spinat** spinach
der **Spitzer(-)** pencil
sharpener
Sport sport
die **Sportartikel** (*pl.*) sports
goods
der **Sportfan(-s)** sports fan
sportlich sporty, athletic
die **Sportsendung(-en)**
sports programme
das **Sportzentrum(-zentren)**
sports centre
die **Sprechblase(-n)** speech
bubble
die **Stadt (Städte)** town

die **Stadtmitte(-n)** town
centre
der **Stadtrand(-ränder)**
outskirts, suburbs
die **Stadttour(-en)** tour of
town
der **Start(-s)** start
der **Steckbrief(-e)** description
of personal details
die **Stereoanlage(-n)** hi-fi
system
die **Stiefmutter(-mütter)**
stepmother
der **Stiefvater(-väter)**
stepfather
der **Stock** (*sing.*) floor, storey
das **Stofftier(-e)** cuddly toy
die **Straßenbahn(-en)** tram
der **Stuhl (Stühle)** chair
der **Stundenplan(-pläne)**
timetable
der **Süden** South
super super, great
der **Supermarkt(-märkte)**
supermarket
surfen to surf
surfen im Internet
to surf the Internet

T

die **Tafel(-n)** black/white
board, bar (*of
chocolate*)
der **Tag(-e)** day
das **Tagebuch(-bücher)** diary
die **Talkshow(-s)** chat show
die **Tante(-n)** aunt
tanzen to dance
die **Tasche(-n)** bag
tausend thousand
der **Tee(-s)** tea
teilen to share
Tennis tennis
der **Terminkalender(-)**
appointments calendar
teuer expensive
der **Text(-e)** text
das **Theater (-)** theatre
das **Thema (Themen)** theme
der **Thunfisch(-e)** tuna fish
der **Tierfreund(-e)** male
animal-lover

die **Tierfreundin(-nen)**
female animal-lover
der **Tisch(-e)** table
Tischtennis table tennis
toll great
die **Tomate(-n)** tomato
total totally
Traum- dream/ideal …
Sport **treiben** to do sport
der **Trickfilm(-e)** cartoon
trinken to drink
tschüs goodbye
das **T-Shirt(-s)** T-shirt
turnen to do
gymnastics/PE
die **Tüte(-n)** bag, packet

U

die **U-Bahn(-en)**
underground train
die **Übung(-en)** exercise
um 13 **Uhr** at 1 o'clock
die **Uhrzeit** time
um at
die **Umfrage(-n)** survey
und and
unser/unsere/unser our

V

das **Vanilleeis** vanilla
ice-cream
der **Vater (Väter)** father
vergessen to forget
verstehen to understand
verwenden to use
viel/viele/viel
much, many
vielen Dank many
thanks
vier four
vierzehn fourteen
vierzig forty
Volleyball volleyball
von from
vor before

W

wandern to go for a
walk/stroll
wann? when?
was? what?

das **Wasser** water
der **Weg(-e)** way, route
weiß white
welcher/welche/
welches? which?
der **Wellensittich(-e)**
budgerigar
wer? who?
die **Werbebroschüre(-n)**
advertising brochure
der **Werbeslogan(-s)**
advertising slogan
der **Werbespot(-s)**
commercial,
advertisement
(*TV, radio*)
der **Westen** West
der **Wettbewerb(-e)**
competition
wie? how?
wie geht's? how are
you?
wie viel? how much?
wiederholen to repeat
die **Wiederholung(-en)**
revision
willkommen welcome
der **Winter** winter
wir we
wirklich really
wo? where?
die **Woche(-n)** week
das **Wochenende(-n)**
weekend
woher? where from?
wohnen to live
die **Wohnsiedlung(-en)**
housing estate
die **Wohnung(-en)** flat
das **Wohnzimmer(-)** living
room, lounge
das **Wort (Wörter)** word
das **Wörterbuch(-bücher)**
dictionary
die **Wurst (Würste)** sausage

Z

die **Zahl(-en)** number
zehn ten
zeichnen to draw
zeigen to show

die **Zeitschrift(-en)**
magazine
die **Zeitung(-en)** newspaper
der **Zettel(-)** bill, receipt,
note
das **Ziel(-e)** goal, end (*of
game*)
ziemlich quite, rather
das **Zimmer(-)** room
die **Zitrone(-n)** lemon
zu (zum/zur) to
zuerst first of all
der **Zug (Züge)** train
zu Hause at home
zusammen together,
altogether
zwanzig twenty
zwei two
zweimal pro Monat
twice a month
zweiter/zweite/zweites
second
die **Zwiebel(-n)** onion
zwölf twelve